憤怒的台灣

台灣光復八十週年紀念版

蘇新 —— 著

人間

目錄

自序 …………………………………………………………… 009

|第 一 章| **荷蘭侵佔前的台灣** …………………………… 011

　　一、秦漢時代 …………………………………………… 012
　　二、晉末隋唐時代 ……………………………………… 012
　　三、宋元時代 …………………………………………… 014
　　四、明代初期——日本人的侵擾 ……………………… 014

|第 二 章| **荷蘭統治時代** ………………………………… 017

　　一、荷蘭西班牙互爭台灣 ……………………………… 018
　　二、日荷的衝突 ………………………………………… 020
　　三、荷蘭的殖民政策 …………………………………… 021

|第 三 章| **鄭氏三代** ……………………………………… 025

　　一、鄭成功驅逐荷蘭政府 ……………………………… 026
　　二、鄭經繼承父志 ……………………………………… 027
　　三、台灣歸併清朝 ……………………………………… 028
　　四、鄭氏的台灣統治政策 ……………………………… 028

|第 四 章| **滿清時代** ……………………………………… 031

　　一、屬福建省時代 ……………………………………… 032

二、台灣獨立省時代（劉銘傳的治績）⋯⋯⋯⋯⋯⋯ 033
　三、清朝的拓殖政策與土地制度 ⋯⋯⋯⋯⋯⋯⋯⋯ 034
　四、反抗滿清的民族運動 ⋯⋯⋯⋯⋯⋯⋯⋯⋯⋯⋯ 035

| 第 五 章 | **台灣民主國** ⋯⋯⋯⋯⋯⋯⋯⋯⋯⋯⋯⋯ 039
　一、滿清割讓台灣的經過 ⋯⋯⋯⋯⋯⋯⋯⋯⋯⋯⋯ 040
　二、台灣人民的獨立抗戰與台灣民主國的成立 ⋯⋯⋯ 041
　三、台灣民主國的「抗日宣言」⋯⋯⋯⋯⋯⋯⋯⋯⋯ 044

| 第 六 章 | **日本侵略時代（一）**
　　　　　──自一八九五年至一九一五年 ⋯⋯ 047
　一、軍政時期的武力鎮壓 ⋯⋯⋯⋯⋯⋯⋯⋯⋯⋯⋯ 048
　二、初期的武裝抗日運動 ⋯⋯⋯⋯⋯⋯⋯⋯⋯⋯⋯ 049
　三、日寇的「撫剿政策」⋯⋯⋯⋯⋯⋯⋯⋯⋯⋯⋯ 051
　四、林少貓事件 ⋯⋯⋯⋯⋯⋯⋯⋯⋯⋯⋯⋯⋯⋯⋯ 053
　五、武裝抗日的末期 ⋯⋯⋯⋯⋯⋯⋯⋯⋯⋯⋯⋯⋯ 055
　六、西來庵事件 ⋯⋯⋯⋯⋯⋯⋯⋯⋯⋯⋯⋯⋯⋯⋯ 056
　七、武裝抗日運動的經驗與教訓 ⋯⋯⋯⋯⋯⋯⋯⋯ 058
　八、日本帝國主義在台灣的初期經濟政策 ⋯⋯⋯⋯ 059

| 第 七 章 | **日本侵略時代（二）**
　　　　　──自一九一五年至一九三一年 ⋯⋯ 063
　一、日寇的「懷柔政策」⋯⋯⋯⋯⋯⋯⋯⋯⋯⋯⋯ 064
　二、當時的內外形勢與台灣抗日運動的再出發 ⋯⋯ 066
　三、同化會、文化協會、農民組合、工會 ⋯⋯⋯⋯ 068

四、台灣文化協會的分裂，台灣民眾黨、
　　　　台灣自治聯盟、台灣共產黨的產生…………… 070
　　五、霧社事件……………………………………… 074
　　六、這時期台灣民族革命運動的經驗與教訓……… 075

| 第八章 | **日本侵略時代（三）**
　　　　　──自一九三二年至一九四五年……… 077
　　一、「皇民化」政策……………………………… 078
　　二、「工業化政策」及「戰時經濟體制」……… 080
　　三、「南進基地化」與「戰場化」的政策……… 082
　　四、征役、苛捐及所謂「台灣人的參政」……… 083
　　五、抗戰時期的台灣民族運動…………………… 085
　　六、台胞在國內的抗日運動……………………… 089

| 第九章 | **收復後的台灣**………………………………… 091
　　一、開羅會議與收復台灣的準備………………… 092
　　二、抗拒接收的「台灣獨立事件」……………… 093
　　三、蔣政府的「劫收」…………………………… 094
　　四、侵吞台灣黃金案……………………………… 097
　　五、獨裁專制的標本「台灣行政長官公署」…… 100
　　六、蔣政權怎樣統治台灣？……………………… 102
　　七、收復後的台灣羣眾運動……………………… 106

| 第十章 | **台灣二二八民變**……………………………… 113
　　一、「二二八」民變的導火線…………………… 114
　　二、暴動遍及全島………………………………… 116

三、「二二八處理委員會」及其處理大綱⋯⋯⋯⋯⋯ 132
　　四、民變中「軍統」和「CC」的活動⋯⋯⋯⋯⋯⋯ 139
　　五、台奸出賣台胞⋯⋯⋯⋯⋯⋯⋯⋯⋯⋯⋯⋯⋯⋯ 141
　　六、蔣軍的「台灣大屠殺」⋯⋯⋯⋯⋯⋯⋯⋯⋯⋯ 144
　　七、海外台胞對於「民變」的響應⋯⋯⋯⋯⋯⋯⋯ 148
　　八、中共中央向台灣同胞廣播⋯⋯⋯⋯⋯⋯⋯⋯⋯ 149
　　九、「二二八民變」的經驗與教訓⋯⋯⋯⋯⋯⋯⋯ 153

|第十一章| **美帝國主義在台灣**⋯⋯⋯⋯⋯⋯⋯⋯⋯⋯ 159
　　一、美帝在台灣的軍事侵略⋯⋯⋯⋯⋯⋯⋯⋯⋯⋯ 160
　　二、美帝在台灣的經濟侵略⋯⋯⋯⋯⋯⋯⋯⋯⋯⋯ 165
　　三、美帝在台灣的政治陰謀⋯⋯⋯⋯⋯⋯⋯⋯⋯⋯ 167

|第十二章| **台灣目前的局勢**
　　　　　──至一九四九年一月底⋯⋯⋯⋯⋯⋯ 181
　　一、台灣成了反動派的逋逃藪⋯⋯⋯⋯⋯⋯⋯⋯⋯ 182
　　二、黨政首長易人⋯⋯⋯⋯⋯⋯⋯⋯⋯⋯⋯⋯⋯⋯ 184
　　三、蔣軍在台灣的佈置⋯⋯⋯⋯⋯⋯⋯⋯⋯⋯⋯⋯ 185
　　四、豪門資本開闢「新路」⋯⋯⋯⋯⋯⋯⋯⋯⋯⋯ 189
　　五、學校報館搬家，史料文件運走⋯⋯⋯⋯⋯⋯⋯ 190
　　六、加緊搜括，強迫統治⋯⋯⋯⋯⋯⋯⋯⋯⋯⋯⋯ 192
　　七、南京垮台前夕，美帝想囊括台灣⋯⋯⋯⋯⋯⋯ 195

|第十三章| **「二二八」以後的反蔣反美運動**⋯⋯⋯⋯ 199
　　一、台灣的「統一戰線」問題與
　　　「台灣民主自治同盟」⋯⋯⋯⋯⋯⋯⋯⋯⋯⋯ 200

二、「台盟」的綱領與時局口號……………………… 206
　　三、中共在台灣……………………………………… 209
　　四、台灣到哪裏去？………………………………… 211

附　　錄……………………………………………… 213
　　參考書和參考資料………………………………… 214
　　中國人民一定要解放台灣
　　　——一九四九年三月十五日新華社時評……… 215
　　美帝陰謀侵台事實
　　　——新華社陝北三月十五日電………………… 218
　　一九九二年台灣版序………………………蔡子民 220

人間版附錄…………………………………………… 223
　　談台灣解放問題……………………………蘇　新 224
　　如炬的目光
　　　——讀蘇新先生遺稿〈談台灣解放問題〉……陳映真 229
　　重讀蘇新〈談台灣解放問題〉………………林書揚 236

人間版後記………………………………………藍博洲 247

自序

　　（一）過去一般人都很少注意到這個遠東的「寶島」——台灣。就是注意到，也不過是目前的一些現象而已。不但祖國的同胞，連台灣人自己，對於「台灣」也缺乏充分的認識，他們只知道台灣與海南島是中國大陸南部的兩個大海島，是中國向太平洋的兩隻眼睛；只知道台灣是一個相當富庶的島嶼，中部和南部盛產米和糖，而在日本人五十年的經營下，有了相當規模的輕工業；也知道二年前曾發生過一次大暴動；如此而已。至於台灣的歷史，尤其是自從荷蘭人佔領了台灣以後。直至現在為止，歷代的統治者是如何壓迫和剝削台灣人民，而台灣人民為了自己的生存和國家民族的前途，如何對異民族和反動派的統治者進行過艱鉅而壯烈的鬥爭，都很少有正確的認識。

　　雖然迄今已出現了好幾種台灣的史書，但是大部份都是站在侵略者和反動派的立場，謳歌統治者的治績，或讚美經濟建設的成功，至於站在人民的立場，描寫人民生活的痛苦和他們英勇鬥爭的歷史，都是微乎其微。因此，編著這本書的時候，都注重搜集有關台灣人民的社會生活和鬥爭歷史這一方面的資料。當然台灣人民的生活和鬥爭決不是孤立的，必然地與當時的國內外的情形有密切的關係，所以在每一歷史階段的敘述，都注意到每一歷史階段的國際情形和國內情形。這本書可說是一部「台灣人民的鬥爭史」。因為全體的重心是在於這一點，

並且著者的用意也是在這裏。

（二）中國最後王朝蔣政權已臨末日，蔣介石已表示不久將到台灣去，而事前任命陳誠做台灣省主席，任蔣經國做台灣省黨部主任委員，為他佈置後路，同時在台灣大事設防，把台灣作為最後反共的堡壘，企圖捲土重來，反抗中國人民到底。

另方面美國帝國主義者，在蔣朝垮台之前，也想要囊括台灣，而公然否認台灣為中國正式領土，煽動台灣人之中的一些敗類，陰謀「台灣獨立」運動，想藉此造成台灣的「特殊局面」，以防止「台灣落在中共手裏」。

於是：台灣就成了目前舉世矚目的地方了。

但是，台灣是不是可以成為蔣政權的退路，蔣政權能不能在台灣偏安，使蔣介石成為鄭成功第二；美帝國主義者能不能或敢不敢佔取台灣，使台灣再淪陷於殖民地地位；或者台灣可能與整個中國的解放同時解放，使台灣人民從數百年來的黑暗生活中翻身，對這些疑問，讀者讀了這本書之後，就能夠得到一個明確的解答。

一九四九年一月三十一日　莊嘉農

第一章
荷蘭侵佔前的台灣

一、秦漢時代

　　台灣是孤懸海隅的小島，從地理上言，東面太平洋茫茫無涯，東北距日本，南距菲律賓，也都是無際的海洋，單有西與福建省接近，最近處只有一百五十公里，所以一向為中國的一部分，不但於地理上，關係非常密切，在歷史上，也有同樣密切的關係。

　　太古時代的情形到底如何，從現在的歷史文獻也無從推考。但秦漢時代的情形，在我國文獻上，已有關於台灣的記載，據傳：秦始皇二十八年（公元前二一九年），始皇曾派福建人徐福等到東海及南海活動，也許和日本及台灣有相當的貿易。據後代史家的考證，當時的「夷州」就是現在的台灣。

　　漢武帝建元六年（公元前一三五年），進擊福建、廣東一帶及安南東部地方，於是南海沿岸之地又受中國中央政權的統治，因而台灣和漢朝的交通更趨頻繁，當時文獻上的「東台」就是秦時的「夷州」，也就是現在的台灣。

　　當時的台灣，一方面與漢朝福建地方的東越王統轄區來往，同時和菲律賓、爪哇、蘇門答臘及印度等南洋方面的交通也極繁盛。今日台灣的先住民即「高山族」的各族，大概是當時由馬來到菲律賓，再由菲律賓遷入台灣的。

二、晉末隋唐時代

　　晉末南北朝時代，中央政權勢力衰落，中原為西北侵入的各種異族所佔，漢族大舉南遷。從那時起似乎已有人由福建方面漂泊到台灣來。於是漢族的文化與政治，對於先住民「馬來

族」的番人開始接觸。

但我國文獻上比較確實可考的，福建、廣東一帶中國人實行個別交通和移住台灣，似乎始於隋唐時代。據載：隋代大業元年（公元六〇五年），煬帝以為對台灣及呂宋等的貿易可獲巨利，乃從海商何蠻的建議：展開南方海上「蓬萊諸島」的活動，以開拓資源及振興貿易。當時台灣住民已有不少漢民族，所以煬帝以為他的海外政策在台灣可能順利推行。但實際上，番族的部落酋長勢力甚大，並未對煬帝的政策表示歡迎，於是煬帝即派虎賁（編按：虎賁將軍陳稜，今彰化市有陳稜路）率領一萬大軍，遠征台灣，佔領台灣西部沿岸一帶。中國正式以武力佔領台灣，實始於此時。

其後經過十年，中央政權移入唐代李氏王朝，隋朝海外政策即告消失。不過，由於這次的遠征和佔領，使台灣諸部落認識西方大國「唐山」的強大。至唐太宗貞觀十三年（公元六三九年），台灣諸部落即派使節入京朝貢。

唐代以後，台灣和中國的關係愈趨密切，閩粵兩地的漢族更多往台經商或在台定住，特別是福建的漢族在台灣的勢力日趨鞏固。天產豐富的寶島台灣，由於先進中國民族的大量移住，文化也日趨發達，以後差不多七八百年，直到明代。所以台灣主要的地區都為漢族所經營開拓，先住民的馬來族即逐漸退居山間，可見台灣久為中國的領土。不過，當時先住民的番族仍保持其部落的政治組織，中國政府毫不加以政治性的侵擾。而佔居台灣的漢族，也在自治部落政體的狀態中，與唐朝以後歷代中央政府的政治關係不甚清楚。

三、宋元時代

　　唐末與宋末,中華民族兩度受過異族的壓迫,實行民族的大遷移,由中原各省向浙江、江西、福建、廣東各地移住,成為今日浙贛閩粵邊區一帶著名的「客族」。南下的中原民族,在閩粵一帶找到了臨時的地盤之後,由於生活環境的艱苦,不少拋棄家室,遠出謀生,此時到台灣的特別多,為後來台灣住民主要的一系。同時,原住閩粵一帶的漢族,因中原外來民族的壓迫,也多向台灣遷居。

　　這樣,在宋代,台灣西部一帶沃地,都已為漢族特別是福建人開拓,農、工、商各業都已相當發達。當時先住民的馬來族,雖在各地過著野蠻的原始生活,但與漢族相接觸的,也多受了漢族文化的影響,漸成為「熟番」。不過在生存競爭中,一部分番族,因受漢族的壓迫,退居深山窮谷,維持其原始生活,這些就是今日的「生番」。

　　十三世紀末葉,蒙古族的元朝統治了中國,忽必烈完成了大陸政策之後,東則遠征日本,南則征略安南、爪哇及南洋羣島,對於「小小的台灣」,未加以重視。因此,在元朝期間中,中國各種史籍上,很少關於台灣的記載。

四、明代初期──日本人的侵擾

　　明代初年,即公元十五世紀,尤其是上半期,南洋羣島的經濟大權,可說是完全操在中國民族的手裏,而與原住民的馬來族以及在這一洋區內從事貿易的阿剌伯人也都和平友善。當時的台灣,就在這樣的客觀環境中,過著太平的歲月。

可是，十五世紀末葉，來自東方的日本海盜「倭寇」，已漸活躍，遂以台灣東北為巢穴，而向西部甚至向中國沿海劫奪，成為台灣住民和中國沿海不安的因素，商務貿易因而受了很大的威脅。

十六世紀初期，葡萄牙人首先來到台灣，他們遠望這海上美麗的綠島，稱為「伊爾哈、福爾摩薩」（Ilho Formosa），按照葡萄牙語，即為「美麗的島嶼」之意。又因為澎湖一帶漁船雲集，他們又稱「披斯卡托爾」（piscatori），意為「漁夫之島」。至今歐美人尚多用這種名字稱台灣和澎湖。但當時葡萄牙人也沒有重視台灣的價值，未加佔領。

直至十六世紀的末葉，日本對南洋逐漸推進其勢力，一五九三年，佔領南太平洋的小笠原羣島。當時日本人稱台灣為「高砂」或「高山國」。當時日本出了一個日本史上空前的英雄豐臣秀吉，以「關白殿」（Cuanbacdono）馳名世界。一時曾向菲律賓及台灣發動經略。一五九三年，曾派原田孫七郎為使節，向台灣發出「招降之書」。但因為當時台灣正在無政府狀態之中。在台的漢人本來就沒有正常的政治組織，居於統治地位的，無非是一般土豪及氏族長。其中固然也有優秀能幹之士，如顏思齊、鄭芝龍等，但缺乏統一和團結，未能建立起完善的統治機構。因此，豐臣秀吉的使節原田，在台灣找不到談判的對手，毫無所獲而歸。原田歸國後，向秀吉建議征服台灣。但因當時日本正忙於侵韓之役，再加以秀吉之死，日人的征台計劃，終於未見實現。

到了十七世紀初葉，始有日人村山等安率領海船一隊進攻台灣的事件發生。豐臣秀吉死後，德川家康掌握日本全國政權之時，有一個村山等安，曾任長崎代官，他認為台灣是發展南

洋貿易的主要根據地，而此時台灣恰好是沒有統一的番島，正有利於日人的發展，於是他就於一六一六年，向當時的「將軍」秀忠建議出兵佔領台灣。

但是當時日本的「幕府」（中央政權）尚畏懼中國的強大，未敢造次動兵，村山乃決心冒險，竭其財產，集戰船十三隻，編成「個人大艦隊」，以「均霑南洋之寶」為號召，嘯聚少壯，於是年年底，出征台灣。這是日本征韓以後最大的對外侵略。

村山的「個人艦隊」乘台灣方面未備，突然在淡水、安平、打狗等西部重要港口登陸，擊退沿海漢商及土豪，一時聲勢浩大，但日本當局既未正式出兵，不久村山不能維持，遂被顏思齊、鄭芝龍所擊退，至一六一七年完全崩潰。

第二章
荷蘭統治時代

一、荷蘭西班牙互爭台灣

　　十六世紀中葉，葡萄牙已由大明帝國取得媽港（即今之澳門）的特權，西班牙即侵佔菲律賓羣島，共謀向華南及南洋掠奪利權。而於一五八一年脫離西班牙而獨立的新興荷蘭王國，亦於一六〇二年創設「東印度公司」開始向馬來羣島侵略，一六一九年，便向北方發展，三年之後，竟為了經略殖民根據地，命令東印度公司之全部船隊北上，與先進的葡萄牙及西班牙相抗爭。其初步目標即為奪取葡萄牙的根據地媽港。

　　然而，媽港方面的葡萄牙當局立即與明朝的漢軍合作，把共同的敵人荷蘭侵略軍打退了。荷蘭軍隊被打敗之後，有所不甘，乃依照中國人船員之言，決定進佔明朝領有的澎湖羣島，以便和媽港的葡萄牙人競爭。

　　當時福建巡檢司，對於荷蘭軍艦不意的進擊，雖然力戰苦鬥，但因臨時援兵不及運到，澎湖島遂陷于危殆，同時明朝政府已准許荷蘭艦隊實行「中荷通商」的要求，並默認荷蘭捨澎湖羣島而向東方海上的寶島台灣侵略，荷蘭艦隊首佔笨港（即今之北港），曾經擊退日人的侵略而威鎮台灣的漢族統治者顏思齊、鄭芝龍等被迫退出台灣西部各要區。於是一部分城市即為荷蘭所佔有，這是一六二四年，明熹宗天啟四年的事。

　　同年年底，荷蘭即在一鯤身（即今之安平），建築堅固的商館及要塞，派遣第一任長官宋克（Marten Sonk）以下多數官吏、商人、傳教教師等，統治台灣佔領地區，同時對台灣島內亦著手產業的開拓，島民的役使和教化等，用西方的殖民政策，使其為荷蘭侵略者服務。

　　西班牙看見後進的荷蘭佔領台灣之後，菲律賓的西班牙

總督太波拉（Juan Niuo de Tobola）就於一六二六年出兵襲佔荷蘭勢力尚未達到的台灣北部西區，以確保西荷兩國在台灣的均勢。西班牙艦隊由馬尼拉急邊北上，奪取台灣東北海岸的三貂角，定名為「聖地亞哥」（San Diego），更進而攻雞籠（即今之基隆），營造「聖薩爾瓦多城」，築砲壘，以確立其霸權，而和荷蘭對立，任命台灣長官波爾悌聊統治這些城市。一六二九年又佔領台灣西部北岸的淡水，築「聖多明哥城」，於是北部台灣的西班牙的勢力，漸形強盛。

荷蘭在台灣的統治者，明知實力未足與西班牙一決雌雄，乃於一六三〇年，在安平構築「賽倫地亞城」（即今之安平紅毛城遺址），以資防禦，並徐圖北上，以驅逐西班牙的勢力。其實當時以少數守備軍為背景的西班牙人在台灣北部的統治權，比他們在菲律賓的統治權更為脆弱。他們並未能驅逐久在各地區的中國人的勢力，除了貿易上的若干權利之外，只在佔領地區傳教，比較起來，還不及西部之荷蘭較有實力。所以到一六四二年，巴達維亞總會命台灣長官特拉台尼烏斯，攻擊北部西班牙軍時，社寮島聖地亞哥（漢人亦稱紅毛城）守將僅稍作抵抗，荷蘭軍旋即佔領基隆及淡水，將西班牙人勢力逐出北部台灣。當時西班牙的菲律賓總督柯爾克拉，因西班牙政權無力，內憂方急，無力北顧台灣，只維持了十六年的不健全的殖民地統治，便告退出。

八年以後，一六五〇年（明永明王永曆四年，清順治七年），台灣的荷蘭長官華特爾，以台灣佔領地擴大，將其根據地從安平遷到台南，築普羅文查城（後來漢人改為赤崁城），此城在其後鄭成功時代、滿清時代、至十九世紀末葉日本佔領台灣初期為止，一直為台灣政治、經濟、文化的中心。

在荷蘭西班牙爭立於台灣之時，除了西南及北部若干城市之外，台灣東部仍在無政府狀態，番族仍營其原始生活，漢族則有村落氏族社會的政治形式。

二、日荷的衝突

　　荷蘭侵略者自一六二四年統治台灣西部以來，為其最大的外來競爭者，除了上述已被擊退的西班牙侵略者以外，便是自十六世紀後，以海商兼海盜為主體的日本在台灣的勢力。這種日本人的勢力，表面上沒有國家的後援，規模似不甚大，但對於荷蘭侵略者，即逐漸成為東方的勁敵。

　　一六二六年，荷蘭的台灣總督威特，獨斷專行，對在台灣的日本人和中國人，課以納稅的義務，對其貿易品，設定高額的關稅，但日本商人斷然加以排擊，因而發生劇烈的衝突，引起了日荷兩國國際關係的惡化，結果巴達維亞總督撤換台灣長官，並命令新長官努茨親到長崎，向日本當局說明取消對日人的課稅，表示今後修好之意，這樣，這個問題總算解決了。

　　然而，一六二七年年底，從事南洋貿易非常活躍的日本長崎代官末次平藏所有的一隻商船，以濱田彌兵衛為船長，航行福建途中，碇泊於台灣安平港。荷蘭當局因該船藏有武器，認為有反荷嫌疑，加以扣留追究，沒收其武器等。濱田一行認為荷蘭人這種舉動，使他們喪失了到福州去「通商」的良機，懷恨歸國，報告船主末次平藏。末次對此侮辱與損失大發雷霆，立即命令濱田為長，率武裝船隻南航，要求台灣的荷蘭政府謝罪及賠償損失，否則將立即起而擊滅荷蘭在台的政權。這是一六二八年的事。

荷蘭殖民政府早在日商抗稅事件時，已有了相當準備，一面對日本假示友好，撤換長官，一面卻努力加強沿海防衛，以備萬一。這次濱田的船隊洶洶而來，荷方竟亦任其進港，派人歡迎，聲明一切都可以商量，一到日本人員被騙上岸後，即把他們監禁於賽倫地亞城內，沒收其船艦內的一切武器。

　　濱田等日人乃在窮迫中設計，假為求見荷蘭長官，以表敬意，當被允許，而由努茨去見時，竟將努茨拉進他們的監房，作為人質，結果荷蘭當局，只得允許日人的要求，賠償日本商船損失生絲一千五百斤，及日船「對華通商機會」之損失生絲二萬斤。

　　此後，荷蘭改派普特曼為台灣長官，而日方「幕府」亦於一六三九年下「鎖國令」，日本對外關係，曾為之長期停頓。在日荷衝突下的台灣人民，則在荷蘭的殖民統治及日本海盜豪商跋扈之下，過著長期的黑暗生活。

三、荷蘭的殖民政策

　　荷蘭侵略者統治台灣時期，北拒西班牙的勢力，南抗日本海盜的恣擾，自一六五〇年遷都台南以後，勉強維持其統治，內部實已腐敗達於極點。荷蘭於一六二四年佔領台灣西部至鄭成功推翻荷蘭政權，不過三十八年；自一六四二年號稱統治全台（但東部及中部未被統治），更祇二十年。至今可窺見其遺跡的，也不過是基督教的傳道，和若干開發事業而已。

　　當時台灣除了我漢族之閩粵兩省人之外，大部份是馬來族的先住民，經濟尚滯留於極原始幼稚的農耕與狩獵經濟，商業資本只在漢族中較為活躍。

荷蘭人佔領台灣的主要目的，原在求商業貿易方面，奠立對遠東進出的基礎，但同時亦相當致力於農業的獎勵及土地的開拓。不過，當時荷蘭人著手開墾時，曾遭到相當的困難，因為勞力及家畜非常缺乏。台灣先住民的番族，往往連一條牛也沒有的貧農居多。因此，荷蘭當局不能不特別飼養耕牛及招募開墾的農民。據當時的文獻，東印度公司曾對牧師古拉維斯，貸與相當數目的現款，從印度（編按：應為印尼之誤，待查。理由是：1印度大都為黃牛，印尼則為水牛。2印尼為荷蘭人在東方的根據地，台灣長官由駐雅加達的荷蘭總督節制。）輸入耕牛一百廿一隻，交付他所管區內蘇倫村（蕭壠，即今之佳里）的農民。

　　到了一六五〇年，荷蘭人的殖民事業，已相當發達，行政區域，從赤崁城的北部至東部一帶（差不多現在的台南縣屬全部）包括二百九十三個村莊，自一六二五年至一六四四年二十年間，漢人移民家族已達二萬五千戶，約十萬人以上。由於人口的增加，荷蘭人即自一六五一年起，開始對漢人征人頭稅，其收入年達二萬盾（基爾達）。其賦課方法係對七歲以上的移民，按日征收荷幣六台特半。此外還課以特權收入及漁獵稅等。

　　荷蘭人在台灣實行的土地制度，舉凡水利堤塘修築之費用以及耕牛、農具、種子等等，全部由當局發給，並依實際需要施行合墾制，將數十佃戶之地結合為一，選其中通曉事理及具有資力者一人為首領，稱為「小結首」，再由數十小結首中推舉最有力者為「大結首」，這些小結首和大結首即類似工頭或奴隸監督者，為其主人服務。

　　又荷蘭人的土地制度，規定十畝地為一甲，區別上中下三級，依等級征收稅谷，稱之為「三田」。農民不得私有田地，

只能耕種田主之田,對田主繳納地稅。所以人民只有土地的佃耕權,所有權則屬於田主,也就是當時的荷蘭統治者。至今台灣有些地方,尚通行一丈二尺五寸為一弋,周圍百弋為一甲,而以五甲為「一張犁」的土地法,就是當時荷蘭統治者的遺制。

第三章
鄭氏三代

一、鄭成功驅逐荷蘭政府

　　鄭成功推翻荷蘭政權而統治台灣，可說是台灣全島的第一次獨立和自由。鄭氏起兵討荷，始於一六六一年（即明末永明王永曆十五年），正是中國國內農民大暴動，明朝統治垮台，滿人開始南侵中原的時代。漢族的農民革命運動失敗，異族大舉南侵，中原漢族又大舉南移，其中很多人都出海謀生。

　　鄭成功的父親鄭芝龍，當時以台灣海峽為中心，勢力遍及東海，他曾遊過日本長崎，娶該地日人田川氏之女為妻，成功生於日本。後來，芝龍為明朝政府起用，任為福建水師提督。當明朝崩潰，清軍南下之際，鄭芝龍曾矢忠抗清，以圖保全東南半壁。但作戰不利，不久力盡而受清朝誘降。成功悲憤萬分，決心為恢復大明而反抗滿清的侵略，舉師北伐，一時義軍雲集，江南為之大振。所惜一六五九年金陵一役，為清軍所敗，但鄭成功誓不對清屈服，乃集其殘部於廈門，轉向台灣，企圖以台灣為反清根據地，徐謀恢復漢族的大明。此時鄭氏所部兵力約三萬，先於一六六一年經略澎湖羣島，以破竹之勢，進入台灣，擊退了安平、台南等地的荷蘭兵力，不久全台灣都入鄭氏勢力之下。因為各地居民，都是鄭氏的鄉里故舊，更感以漢人反抗異族的革命大義，無不望風來附。當然荷蘭雖由爪哇急派艦隊，載五百餘名援軍赴援，但到達時，已是一六六二年，台灣全境已在鄭氏統治之下了。一六六三年，爪哇總督府與滿清勾結，圖謀奪回台灣，但終歸失敗。

　　鄭成功確立其在台灣的統治權之後，即號台灣為「東都」，改荷蘭賽倫地亞城為安平鎮，普羅文查城為承天府，並分全島為南北兩區，各派長官，設知縣，撤銷過去荷蘭的一切

統治制度，施行明朝的政治制度；同時注力於番族之撫育，和閩粵籍居民的教育，又依屯田制度，創設農兵，力謀推行富強台灣的建設。

台灣這種新情況，立刻使中國本部各省人民注目，尤其是正苦於滿清異族壓制的沿海各省居民，都以為台灣是理想中的世外桃源，於是近代的對台大移民又告開始，一時由浙贛閩粵各省移住台灣的漢人總數達十萬。不過，如由現在的眼光來看，那時鄭氏的統治，還很幼稚，居地方長官地位的，無非是鄭氏的部屬私親之類，所謂牽親引戚，表現了濃厚的封建色彩，但較之荷蘭的殖民地統治，已好得多了。

當時，先住民的馬來族，尚多散居西部平原各地，漢人部落也散居其間，彼此尚無重大糾紛發生。

明主嘉獎鄭氏的忠烈，而賜姓朱，封為「延平郡主」，故世傳為「國姓爺」，至今還為台灣人民所崇拜，無愧為民族英雄。

二、鄭經繼承父志

一六六二年即清朝康熙元年，鄭成功統一台灣的大業已告成功，內部也極為安定，是年年底即謀進而向南鄰的同胞拓殖的呂宋島（即今之菲律賓），開始經略，與留居馬尼拉的同胞志士互相策應，計謀推翻西班牙人的政權。不幸事前被西班牙政府偵悉，竟至演出大舉屠殺呂宋華僑的慘劇。消息傳來，鄭成功憤激萬分，決定親率大軍，征討呂宋，但不幸正當積極準備中途而得病，不久逝世。

成功死後，其子鄭經即位，繼承父志，以圖復明室。並改

「東都」為「東寧」，設立撫安司，分置於南北兩路及澎湖，以防內憂外患。更致力於地方諸鎮開墾的獎勵，教育的普及，且大量採用人材，以充實內治而防衛清軍。當時清政府曾遣使往說鄭經，勸其歸順清朝，即可封為台灣知事，但鄭經堅決拒絕，其民族精神，尤足為今日中國人效法。

鄭經統治期間約二十年，在其威令所及，台灣各地得以平靜無事。及一六八一年（清康熙二十一年）鄭經病逝，由嗣子克塽在武將劉國軒輔佐之下，繼承台灣的統治權。

三、台灣歸併清朝

滿清政府就在此時，乘機開始對台灣的經略，一六八二年即康熙二十二年，任大臣施琅為水師提督，率領精兵二萬五千所編成的大艦隊，討伐澎湖太守劉國軒，佔領澎湖，以破竹之勢，深入台灣，台灣軍幾無抵抗，劉國軒逃亡，克塽不知所措，即向清軍投降。是年末，鄭氏二十三年統治即告結束。至一六八三年清侍衛吳啓爵來台，正式由鄭克塽之手接收台灣，並廢止鄭氏對台灣的「東寧」之號，依施琅之意，正式命名為「台灣」。並封鄭氏後裔為「正黃旗漢軍公」。

這樣，台灣雖歸併於清朝，但台灣人民則和國內一樣，繼續了二百多年的反對滿清的民族運動。

四、鄭氏的台灣統治政策

鄭成功佔領赤崁城一帶之後，立即廢除荷蘭人的殖民地政制，實施明朝的行政制度。他將赤崁城改為「承天府」，設府

治於此,在其轄下,於北方設「天興縣」(即今之台南縣北門區佳里興之地),於南路設「萬年縣」(即今之鳳山)。鄭氏雖設一府二縣以行統治,但治績之可見者,亦祇限於台灣南部一小區域。

由於當時台灣未墾之沃土尚極廣袤,主要政策是獎勵開墾,振興農業,確立土地制度。

鄭氏將荷蘭人統治時代的「三田」改稱「官田」,凡耕佃者都為官田的佃戶,其所有權乃屬統治者的鄭家。但鄭氏的宗黨及文武官員,能招募佃戶,從事開墾,向佃戶征收佃租,以公課納官(即等於今天的地主)。至於田地所有權屬於開墾者的文武官員及有力者的,則為「私田」,又稱「文武官田」。私田分為上中下三等級,徵收相當等級的地稅。但依農本主義的立場,對開墾者二年免稅,凡在此期限前成功納稅者,減課其地稅。

當時因為有土地浮報及三年間收穫菲薄棄舊地另覓新地以開墾之例,所以定例每三年實行土地丈量一次。

此外,又確定了「寓兵於農」的「營盤田」之例,即「屯田制」。這種「屯田」開墾的地方,當時已達五十餘處,多在今日鹽水港方面,鳳山次之,台南附近最少。

如上述,鄭氏統治時代的田地分為「官田」、「私田」和「營盤田」三種,此外還有屬於土番及漢人私耕的土地,但尚無所屬的土地仍復不少。

至鄭經繼承其父時,台灣農業已經相當發達,於是他更對島內各地獎勵製糖及製鹽,造成台灣糖業及鹽業今日之發展的淵源。

第四章
滿清時代

一、屬福建省時代

　　清朝統治台灣，可分為前後兩期，前期：自清朝開始統治台灣至一八八五年（光緒十一年），台灣獨立成為一省為止。後期：劉銘傳主政台灣以後，至日本佔領台灣為止。

　　台灣全島為滿清歸併之後的第二年即一六八四年，清朝就以台灣及其屬島歸屬福建巡撫統轄，為福建省的台灣府，設知府於台南，為全島行政的中心。知府之下，分全島為台南、諸羅、鳳山三縣，各任知縣以行縣治；又以澎湖為一防，任總兵一員以負防備之責，在台南設鎮台，以司軍事。

　　在這一期間的統治範圍，大體上和荷蘭及鄭氏時代，沒有多大差別，並未深入台灣內地，不過政治、軍事、及經濟上的組織和設施較為嚴密完備。

　　但是，由於當時清朝領土之廣大，對此海隅孤島，實際上也未嘗特別重視，沒有十分努力去開拓各種事業，甚至對於漢人深入內地，還加以禁止。

　　可是，自從鄭成功統治台灣以來，從華南福建廣東地方移住台灣漢族，源源不絕，因此雖為禁止深入之區域，也漸有漢族活動。至十八世紀末葉，即乾隆年間，漢族聚居更眾，未開化的馬來族漸向內地移居，西部平原一帶，已盡為漢族所分佈，那時比較與漢族久處而相熟的番人，則與漢人雜居互市，也漸漸地漢族化起來，一般文化水準也都提高了。至此，初期禁止移住的區劃始告撤廢，台灣的統治範圍，無論於地理上和政治上，都大大的擴張了。一七六六年，全島乃完全統一。

二、台灣獨立省時代（劉銘傳的治績）

在滿清統治下，自開始至一八八五年，曾經過若干變遷，但一直歸福建省兼轄，後來因為西洋各國，向東方逐漸開始侵略，台灣的情勢不能如昔日之放任，及清法戰爭，法國艦隊首向台灣。清廷乃依左宗棠的建議，於一八八七年，將台灣分立為省，派開明政治家劉銘傳為巡撫。

劉銘傳主政以後，首先確立政治的中心，設台灣省於台北，並更改行政區域，設置專任巡撫以下諸官，擴大地方行政。在台北設置巡撫衙門（即撫台），統轄全體文武行政。又建布政使衙門（即藩台），管理全台財政。另設按察使（即司道），專理按察事宜。此外新設台灣府於台中地方，而將舊台灣府改為台南府，合台北府計有三府，府以下設縣、廳和直隸州等如下：

台北府：淡水縣，新竹縣，宜蘭縣，基隆縣。
台灣府：台灣縣，彰化縣，雲林縣，苗栗縣，埔里社廳。
台南府：安平縣，鳳山縣，嘉義縣，恆春縣，澎湖廳。
台東直隸州：設於卑南。

其次，劉氏在他任期六年間，實施開明政治，著手西洋文明的建設：在基隆新竹間敷設鐵路，台北台南間開辦電報，台灣福州間敷設海底電線，開辦新式郵政制度，振興製糖及其他產業，輸入機械及招聘外國技師，改進工業等等，此外，在文化教育方面，首在台北、台南、安平等重要地方，設立「學府」，並在台南等十七處創辦書院，而義塾之制遍及全島，一時文風大振，民間也乘此廣設書房，台島學術研究風氣，也由此大盛。

但是,結果行政經費膨脹,乃確立產金及其他增稅計劃。然而各地地主四起反抗,又遭頑固份子的非難,劉氏為此憂憤成疾,掛冠而去。後由頑固派代表人物邵友濂代為巡撫,將計劃中的新事業一律廢止,採取節約政策,輕減課稅;淺見的有產階級反而歡迎謳歌,於是台灣又回到封建的黑暗時代。而日本侵略者則乘機活躍,致招淪亡之禍。

三、清朝的拓殖政策與土地制度

台灣歸入清朝版圖以後,移民到台者日增,清政府認為台灣可能成為奸究的逋逃藪,起初曾禁止閩粵兩省人民赴台,並且除了官吏以外,不許攜帶眷屬,或招致眷屬前往。但是,這種禁令還不能阻止閩粵兩省人民的偷渡,關於此事之是非利害,頗有不同的議論,後來依福建省巡撫吳士功的建議,始廢止此禁令,而開始積極的拓殖。

清廷為獎勵拓殖番地計,規定台灣「拓墾章程」二十條,開始移民的招募,分為台灣本地及中國內地二種,後者即在廈門、汕頭、香港等地設「拓墾局」,辦理移民事務。而對於招募的墾民,先供給口糧、牛隻和農具,至開墾成功三年後,始向官府繳納地稅和官租,並應將前給的牛隻、農具歸還政府。就中,對於由中國內地前往的移民,即另由官船每月運送二次,以官費赴台。這樣,荷蘭及鄭氏時代拓殖區之殘留部分的鹽水港、台南方面,台北平原及新竹方面,下淡水河沿岸,彰化、宜蘭、埔里、台東、恒春等地方,都被開墾了。

清朝時代的台灣土地制度,在清初即將荷蘭及鄭氏時代的田地,一律改為私有地,而且凡由移往拓殖而增加以及新生租

權關係,政府一概不予干涉,一任其自然發展。因此,關於土地的權利關係,極為複雜。但是,與荷蘭時代的習慣一樣,發生所謂「一田二主制」的「大小租權」的關係。就是,直接耕種者稱為「耕佃人」,耕佃人直接向所謂「小租戶」(二地主)租取土地,每年繳納一定數量的租款以為佃費,稱為「小租」。小租戶即二地主又向所謂「大租戶」(大地主)每年繳納一定數量的租款,稱為「大租」。大租戶是最初向官府取得土地的開墾權利,小租戶是向大租戶租得土地,從事開墾,負擔繳納租款之責,以為報酬。大小租戶,俗稱為「頭家」。大小租權普通在同一土地上併存,但還有沒有佃戶而小租戶自耕的。

大小租權的關係,小租權者實際上對土地投付資本及勞動,具有實際上的地主性質。至於大租權者,當初對其土地具有特權,但後來只有名義,不合法律觀念而弊害甚大,因此,清末巡撫劉銘傳即以確認小租戶為地主,但遭大租戶的反抗而失敗。(按:其後日本統治時,就採取向大租戶賠償的方式,決定租權者為實際上的地主,使台灣的土地整理事業進了一步。)

由於這種土地制度,台灣大多數的農民都是沒有土地耕佃人,受到政府、大租戶、小租戶的三重剝削,所謂「三年小反,五年大亂」的社會基礎,實在於這裏。

四、反抗滿清的民族運動

由於清廷派赴台灣的官吏,頗多瀆職營私,耽於賭博,官紀弛廢,加之政府、地主及土豪對農民的封建剝削,使大多數

農民在很長的期間中,過著農奴的生活。因此,在滿清統治之下,台灣各地,都如黑暗地獄,不斷地發生農民暴動,而這些暴動大都以「反抗滿清恢復大明」為號召,所謂「復明民族革命運動」,不過是因為鄭氏滅亡後,許多鄭氏的舊部及「明朝遺臣」散在各地,在人民之間鼓吹反清思想,以致在表面上,帶了民族運動的色彩,而實際上是人民反抗貪污官吏,反對地主封建剝削的社會革命運動。

這種革命運動,在滿清統治台灣二百多年中間,此伏彼起,不勝枚舉,據史書所記載,其主要者有如下之多:

一六九六年,吳球新港(台南)之亂。
一七〇一年,劉卻諸羅(嘉義)之亂。
一七二一年,朱一貴全島之亂。
一七三一年,羅福生鳳山之亂。
一七三八年,許國珍、楊文鄰之亂。
一七七〇年,黃教鳳山之亂。
一七八六年,林爽文全島之亂。
一七九五年,陳愛光之亂。
一八〇〇年,汪降之亂。
一八〇二年,蔡牽之亂。
一八〇七年,朱濆蘇澳之亂。
一八一〇年,許化之亂。
一八一一年,高夔之亂。
一八二二年,林永春之亂。
一八二四年,楊文斌之亂。
一八三二年,楊丙之亂。
一八五三年,林供鳳山之亂,及林文英、吳瑳之亂。

一八五四年，林房、王辨之亂。

一八六一年，戴萬生彰化之亂。

一八七二年，廖富之亂。

一八八七年，施九段彰化之亂。

對於這些農民暴動，在台的清兵都不能鎮壓，清廷從中國本部派兵前往鎮壓的，亦達數十次之多。就中，最值得注意的是朱一貴及林爽文的抗清運動。

朱一貴：一七二一年（康熙六十年）五月，朱一貴於鳳山發動壯烈的革命，企圖驅逐滿清。時因鳳山縣苛政百出，民怨載道，朱一貴乃鼓動縣民，攻取縣署，在短短的一星期中，竟然全台響應，台灣府城（台南）及諸羅縣城（嘉義）相繼陷落，清廷政令不行。於此足見清官清兵的無能。人民看見全台已得，遂奉一貴為「中興王」。據史書記載：「一貴冠通天冠，黃袍玉帶，築壇受賀，祭天地列祖列宗及延平郡王，尊古明，建元『永和』並布告天下，又飭兵民蓄髮，撤銷清廷制度，恢復明制，嚴然為一國」。

不幸，未幾羣臣爭權奪利，自相殘殺，人民得不到勝利果實，也逐漸離開，致使清廷乘機鎮壓。這樣，在一個月內轟轟烈烈的革命運動，終於雲消瓦解。

林爽文：一七六八年（乾隆五十一年）十一月，林爽文等所組織的全島規模的反清秘密結社「天地會」，四起反抗滿清政府，此次起義發動於北路（彰化），比朱一貴抗清規模更大，革命風潮瀰漫全島，為期前後三年。

當乾隆四十八年時，有嚴烟來自福建平和，宣傳「天地會」的組織，據史書記載：該會為鄭成功亡後，遺臣陳永華等屢思抗清復明而組織的祕密政治團體。他們以此為號召，廣收

會員,參加者甚多,一時成為台灣最有力的團體。後來分為南北路,北路由林爽文主持,南路由莊大田主持,遍島鼓動抗清運動,滿清當局對此,不斷加以監視和壓迫。是年七月,知府孫景燧,副將赫生額,及遊擊耿世文等率兵前往搜捕林爽文等「天地會」的幹部。大隊駐紮離爽文家(在彰化大里杙)五里之地方,強迫村民擒獻爽文,並焚燒附近田莊,以致民怨沸騰。爽文因此也不得不起而反抗,他領導人民進攻彰化,一鼓而陷之,殺知府孫景燧等,於是眾人擁戴爽文為盟主,遵古明,建元「順天」,駐彰化縣署,接收清政權。繼而破諸羅,陷斗六、南投。未幾鳳山莊大田亦起而響應,攻陷鳳山縣城,向北進兵,在台南附近與林爽文會師,圍攻府城。至此,台灣全島大亂,繼續三年之久。此間清廷竟調川、湘、黔、粵等四省大兵,始得鎮壓。林爽文和莊大田被擒,檻至北京被斬,清廷終於再恢復了它的血腥、封建的統治。

由於這次大革命的經驗,清廷懼怕台灣人民之民族意識堅強,百方設計鎮壓台灣人民的革命運動,但直至清廷放棄台灣,讓給日寇之日為止,台灣的抗清運動,未嘗停止過。

第五章
台灣民主國

一、滿清割讓台灣的經過

自從一八四〇年鴉片戰爭以後，歐美帝國主義者相繼向中國侵略，腐敗無能的滿清政府，正在無法應付這些侵略者之時，東鄰小國的日本，乃乘火打劫，展開蠶食政策，藉朝鮮獨立問題干涉清廷進而展開戰端，這就是一八九四年的所謂「甲午之役」。戰爭的結果，新興帝國主義日本竟戰勝了「老大帝國」的清軍，締結「馬關條約」，把台灣割讓給日本。「永遠割讓」的區域，包括「台灣全島及附屬島嶼」，「澎湖列島，即英國格林尼次東經百十九度起至百二十度為止，北緯二十三度起至五十四度之間的諸島嶼」。該條約又規定：「台灣一省，應於本約批准互換後，兩國立即各派大員至台灣，限於本約批准互換後兩個月內交接清楚」。

李鴻章和日本首相伊藤博文及外相陸奧宗光簽訂此約之後，自知喪權辱國，無顏以對國人；乃於還天津之後，稱病不敢入都，只派伍廷芳攜帶條約至京。因在他未去談判時，對於朝中議割台灣與日本，朝野已一致憤激，台灣方面的官民，抗爭尤為激烈。及「馬關條約」發表，國內外官民，更上奏拒絕批准，無慮數百起。當時「維新派」領袖康有為等數千人上書，文辭激烈悲壯，使清廷亦為之愧悔，下令李鴻章改議。但李以為既然以全權簽約，如加更改，將騰笑萬邦，堅決不從。

反對派的活動毫無成就，列強尤其英美又多偏袒日本，（俄德法曾極力阻擋，但毫無效果，此亦為日俄戰爭之遠因）清廷乃命伍廷芳為「換約使」，赴煙台換約。日本換約使伊藤美文治也至煙台，於一八九五年四月十七日夜半換約。至四月二十五日，命李鴻章之子李經芳為「割台灣使」，日本即以樺

山資紀為台灣總督,在澎湖日艦上,舉行最大恥辱的台灣授受勾當。

二、台灣人民的獨立抗戰與台灣民主國的成立

　　台灣割讓給日本的消息,激起了全國人民的悲憤反對,台灣居民尤痛哭呼號,起義反抗,台灣巡撫唐景崧,聞馬關條約中,已將台灣割與日本,立即致電總理衙門,乞在華外國公使後援,並求英國出而主持公義,及求法國派兵來援,以反抗日本,但均無所成,始知帝國主義者原為一丘之貉,不足以倚,乃決心獨立抵抗。

　　是時紳士丘逢甲亦率領人民謁巡撫唐景崧,提議台灣實行獨立自主,反抗日本侵略,唐氏乃與台灣防務幫辦劉永福相謀,建設「台灣民主國」,改年號為「永清」,以藍地黃虎之旗為國徽(高八尺,長一丈,按:今尚存於台灣省立博物館),推唐景崧為總統,受「台灣民主國章」之印綬,並向各國公佈「台灣民主國」之成立,發表「抗日宣言」(看後文)。參與建國者,尚有駐法使館武官陳季同,因此國制多似法國的共和制。並推舉丘逢甲為副總統兼義勇軍總領。此外,內長俞明震,外長陳季同,軍務李秉瑞並派姚為棟為遊說使,赴北京報告建國真相。又在台北設議院,推舉全台之紳士為議員,林維源被推為議長。一面與國內反對和議割台之大員,如張之洞等及中央軍機處官員等,暗相連絡,以便獲得國內支援。

　　但日寇為貫徹其佔領台灣的野心,不惜發動大兵,以北白川宮能久親王為司令,率領近衛師團大舉侵台。由台灣東北角

澳底登陸,越三貂嶺,攻陷基隆。抗日政府驟不及備,而唐景崧出走,由滬尾(即今之淡水)乘德輪逃回內地。因此,官僚亦多逃避,潰兵四出,搶劫藩庫,焚毀撫署,可見官僚的無能和軍紀的紊亂。但台北地方的民眾,仍不斷地和日軍進行戰鬥,展開劇烈的游擊戰。

在這時候,台北浪人辜顯榮前往基隆,引導日軍攻台北。丘逢甲聞訊,急調台中義勇軍馳援,但行至中途,台北已被攻陷了。

台南人民獲悉唐景崧已出走,台北亦陷入敵人手裏,乃公舉劉永福為第二任總統,設議院於學府,以舉人許顯理為議長,議防守之策。

日軍已得台北,一面侵宜蘭,一面攻新竹。逢甲率領義勇軍(民軍)在新竹一帶與日軍大戰。據「割台記」云:

「日軍攻新竹,相拒月餘,大小二十餘戰,互有傷亡。日人購奸民導僻徑,抄台軍後路,分統(副司令員)楊紫雲戰歿。吳彭年赴援不及,乃守大甲溪。義民長徐驤之軍,為日軍追入深溝中,徐驤出其後擊之,日軍大敗,俘獲日軍數十」。

又云:

「吳彭年伏兵大甲溪。俟日軍至,猛擊之。日軍敗渡河,徐驤伏兵,乘其半渡,奮擊之,日兵大敗」。
「日軍奪八卦山,俯瞰彰化城,彰化降。日軍連陷雲林,苗栗二縣,進逼嘉義,誤入山谷,民團林義成等,塞

口盡殲之」。

新竹、嘉義、彰化等地之會戰激烈空前,一說日寇能久親王實於嘉義之役陣亡,日人秘而不宣,卻說在台南病死。

嘉義陷後,義軍終因餉缺糧絕,孤立無援,義軍統領丘逢甲亦不得不離台。他的「離台詩」極其悲痛。詩云:

「宰相有權能割地,孤臣無力可回天。(編按:宰相係指李鴻章。)

扁舟去作鴟夷子,回前河山竟黯然。(編按:鴟夷子原指輔佐越王句踐滅吳國後乘船渡海而去自稱「鴟夷子皮」的范蠡。)

虎韜豹略且收藏,休說承明持戟郎。
至竟虬髯成底事,宮中一炬類咸陽。
捲土重來未可知,江山亦要偉人持!

成名豎子知多少,海上誰來建義旂?
從此中原恐陸沉,東周積弱又於今。
入山冷眼觀時局,荊棘銅駝感慨深。
我不神仙聊劍俠,仇頭斬盡再昇天。
亂世團員骨肉難,弟兄離別正心酸!
奉親且作漁樵隱,到處名山可掛單。」

在台南方面,即由劉永福領導,繼續團結散軍,結合全島富紳,召集義民,募集軍餉,徵募抗丁,訓練抗日民軍,以黑旗為徽號,因此有「黑旗軍」之名,聲勢仍極浩大,堅持保衛

台灣，反抗日軍到底。

其時日本大本營，則以三面進攻計劃，在台北編成「南進軍」，派能久親王率近衛師團，由彰化經嘉義向台南，派乃木中將率第二師團，由南部枋寮登陸，經鳳山侵台南；又派貞愛親王率混成旅團，在西部布袋嘴登陸，犯台南前方側面，圍攻台南。但遭遇意外堅強的抵抗，缺乏訓練與新式武器的台南抗日軍，到處對日軍加以阻擊，經過一個月的血戰，日軍攻入台南城。抗日統帥劉永福，置日軍一切誘惑於不顧，堅持抵抗。及大勢已去，乃赴安平，率殘部返國。而日軍最高統帥能久親王，一說也於此役陣亡。

日軍攻佔台南後，於十一月下旬始公佈「全台平定」。這樣，「台灣民主國」，終於成為遠東歷史上第一次共和國轟轟烈烈的紀念碑。

據日方事後發表，侵佔台灣之役，參加兵力約五萬，伕子約二萬五千，馬匹九千四百餘。戰死和病死者五千餘，因病送返日本者約二萬二千，留於台灣治病者五千餘，總計損失達三萬五千餘，即出征者的半數以上。但台灣人民被殺死者，據不完全的估計（當時事實上是無法統計），達數十萬，可見日寇征台時的殘忍，和台灣人民犧牲之大！

三、台灣民主國的「抗日宣言」

為了明瞭當時台灣人民如何獨自抵抗日寇，和遠東第一個「民主國」的成立情形，這一篇「抗日宣言」是值得提起的歷史文件，茲將其全文抄錄這裏，以供參考：

「我台灣隸大清版圖二百餘年，近改行省，風會大開，儼然雄峙東南矣。乃上年日本肇釁，遂致失和，朝廷保兵恤民，遣使行成。日本要索台灣，竟有割台之款。事出意外，聞信之日，紳民憤恨，哭聲震天！雖經唐撫帥電奏迭爭，並請代台紳民兩次電奏，懇求改約，內外臣工，俱抱不平，爭者甚眾。無如勢難挽回，紳民復乞援於英國，英泥局外之例，置之不理。又求唐台帥電奏，懇由總理各國事務衙門，商諸俄法德三大國，併阻割台，均無成議。

嗚呼慘矣！查全台前後山二千餘里，生靈千萬，打牲防番，家有火器，敢戰之士，一呼千萬，又有防軍四萬人，豈甘俯首事仇，今已無天可籲，無人肯援。台民惟有自主，推擁賢者，權攝台政，事平之後，當再請命中國，作何辦理？倘日本俱有天良，不忍相強，台民亦願顧全和局，與以利益。惟台灣土地政令，非他人所能干預。設以干戈從事，台民惟萬眾禦之。願人人戰死而失台，決不願拱手而讓台。所望奇材異能，奮袂東渡，佐創世界，共立勳名。至於餉銀軍械，目前儘可支持，將來不能不借貸內地。不日即在上海廣州及南洋一帶埠頭，開設公司，訂立章程，廣籌集款。台民不幸至此，義憤之倫，諒必慨為欣助。洩敷天之恨，救孤島之危！並再告海外各國，如肯認台灣自立，公同衛助，所有台灣金礦煤礦以及可墾之田可建屋之地，一概租與開闢，均沾利益。考公法讓地為紳士不允，其約遂廢，海邦有案可援。如各國仗義公斷，能以台灣歸還中國，台民亦願以台灣所有利益報之！台民皆籍閩粵，凡閩粵人在外洋者，均望垂念鄉誼，富者挾貲渡

台,既可謀生,兼同洩憤。此非台民無理倔強,實為未戰而割全省,為中外千古之奇變。台民欲盡棄其田,則內渡後無家可依,欲隱忍偷生,實無顏以對天下。因此搥胸泣血,萬眾一心,誓同死守。倘中國豪傑及海外各國能哀憐之!慨然相助!此則全台百萬生靈所痛哭待命者也。特此布告中外知之!」

第六章
日本侵略時代（一）
——自一八九五年至一九一五年

一、軍政時期的武力鎮壓

　　一八九五年（即民國前十七年，光緒廿一年，日本明治廿八年）六月十七日，日寇第一任總督樺山資紀在台北我撫台衙門舉行就職，開始統治台灣，這就是日人所謂「台灣始政紀念日」，但在台灣人民卻是「恥政紀念日」。

　　日寇對台灣的統治政策，最初是完全利用其武力，用血腥的殺戮，來建立他們在台灣的統治權。是年六月十三日，在日本內閣之下，設置「台灣事務局」，由當時內閣總理伊藤博文充任該局總裁，以各省（部）次官任該局委員，為統治台灣的太上組織，而在台開設「總督府」，規定台灣總督以陸海軍大中將充任。

　　劉永福領導之南部抗日軍失敗後，日寇雖然宣佈了「全台平定」，但是其後台灣同胞的民族意識極其堅強，隨時隨地仍以武力反抗日本帝國主義的統治。因此，日寇即於一八九六年，對台灣施行特別法令，以法律第六十三號，委任立法權於台灣總督之手，就是所謂「六三法」。這樣，台灣總督獲得殺戮台灣人民的大權。

　　法律第六十三號第一條規定：「台灣總督於其管轄區域內，得發布與法律同等效力之命令」。其第三條規定：「台灣總督於臨時緊急必要之時，……得即時發布第一條之命令」。這就是說，台灣總督在台灣所發的緊急命令，與日本天皇公布的緊急勅令，有同等效力。

　　台灣總督得此大權後，就立即公布一種「匪徒懲罰令」，來殺害台灣革命黨人，以鎮壓不斷暴發的抗日運動。其第一條規定：「不論具何等之目的，為達其目的，以暴行，或以脅

迫，而結合集眾者，與匪徒同罪，依左列區別處決之：甲：首領及教唆者處以死刑。乙：參與謀議或指揮者處以死刑。丙：附和隨從，或為雜役者，處以有期徒刑，或懲役。」其第四條更加殘忍地規定：「給資兵器、彈藥、船舶、金錢及其他之物件，或供給會合之場所者，或幫助其他之行為者，及幫助匪徒者，處以死刑，或無期徒刑」。其毒辣手段，可見一斑。

不但如此，日寇為著鎮壓抗日運動，更盡力利用中國固有的保甲制度，以為警察及軍隊的下級輔助機關。就台灣的事實來看，保甲制度確為日本帝國主義者破壞台灣人民團結抗日的有力工具。一八九八年八月三十一日，公布保甲條例及施行細則，規定以十戶為一甲，十甲為一保，保置保正，甲設甲長，負責維持各保甲之治安。各甲內之居民，均負連坐責任，對連坐者處以罰金或苦役。各保甲又設立「壯丁團」，由日寇警察官指揮監督，定期或臨時召集，加以點檢及訓練，以備事變時為軍警之補助隊伍。這種保甲制度遍及全島，輔佐一般民政，成為維持殖民奴役基層統治最有力的工具。

直至一九一八年，始以文官充任台灣總督，這雖然可說是取消了總督的軍權，但另設台灣軍司令官，這不過將軍權移交到專管軍人之手而已，總督還掌握著行政、立法、司法三權，對台灣人民施行獨裁政治。

二、初期的武裝抗日運動

南部抗日軍慘敗之後，日軍宣布了台灣「全島平定」，當然這是對外的宣傳，實際上台灣各地，還不斷地發生抗日游擊戰，成為日治時代台灣人民初期的民族運動的形式。而日方則

抄襲中國歷代統治者的故技，稱之為「匪亂」。

　　日本宣布「全島平定」的日子是一八九五年十一月，但是十二月三十日就發生了林大北領導的抗日暴動，在北部發動，包圍了宜蘭縣。第二年，一八九六年一月，又有陳秋菊、胡阿錦等所領導的抗日暴動，襲擊台北。此時深坑、士林、滬尾、枋橋（今之板橋）、錫口（今之松山）、瑞芳、金包里（編按：今金山）、海山口、羅東等處，沒有一處不起來響應，襲擊官衙，佔領村莊，包圍及襲擊城市。一八九六年五月，清軍中的猛將劉德杓率部由卑南入雲林山中，散發檄文，反對割讓台灣，號召台灣人民起來反抗日本統治者，一時附近居民，紛紛團結，造成台灣中部一大抗日勢力。六月三十日，太平頂義士簡義率領部眾，大舉進襲雲林。此外林圯埔（編按：今南投竹山）、南投、台中、彰化、北斗、他里霧（編按：今雲林斗南）、鹿港、員林、蒜桐港（編按：應為蒜桐巷，包括今雲林縣蒜桐、甘厝、甘西、興桐等村）、大埔林（編按：今嘉義大林）等地，亦紛紛響應，起來反抗日軍的統治。七月十日，義士黃國鎮、阮振等大舉包圍嘉義，成立台灣中南部抗日的根據地。

　　日寇對於台灣人民的武裝抗戰，簡直顯得手忙腳亂，他們首先「討伐」斗六、南投方面的抗日勢力，屈服了簡義。但同年十一月十九日，民眾領袖柯鐵又與劉德杓部會合，而鄭吉生部於同一天猛襲鳳山。日軍於十二月二十七日，以第二旅團攻太平頂山區的柯鐵所部，但毫無結果，各地的抗日暴動並不因日軍的血洗而消極。

　　一八九七年的台灣，全島還是在騷動中，武裝抗日鬥爭幾乎沒有一天停止過。南部方面：是年十一月二十三日，抗日領袖黃茂松等，襲擊了朴子腳（編按：今朴子）日本所設「支

廳」。北部方面：於同年五月八日（即日本正式占據台灣入日本版圖之日），陳秋菊所部又大舉襲擊台北，不幸失敗，先鋒部自領袖詹振以下，同時慘遭最殘虐的仇殺，據日方公報，也自承認殺死「匪賊」二百餘人，但是實際何止十倍！

三、日寇的「撫剿政策」

為了鎮壓台灣人民的武裝抗日運動，日寇最初是採取警察、憲兵、軍隊三者合作的「討伐」，用最無人道的殺戮，最恐怖的手段，以圖壓服暴動，維持統治。但在嚴密的軍事進攻，和警察憲兵的瘋狂暴行之下，台灣人民對日寇的仇恨心，是更加深刻了。因此，暫時的平靜，不過是以後更大規模的抗日鬥爭的準備而已。於是日寇改了過去的武力萬能的「討伐」，而新採用所謂「土匪招策」。這個政策是日本著名的殖民地統治者後藤新平任民政長官時開始實施的，他認為要壓服抗日勢力，必先使羣眾離開抗日領袖，要使羣眾離散，就必須稍改善其生活，一方面「誘降」領袖，而後進行「分解」和「消滅」。他又認為這樣亦同時可以殖產興業，使日趨貧困絕滅的台灣人民，稍得喘息與安生，使鎮壓政策更易奏效。這也就是以後「懷柔政策」的先聲。

這種新政策，先從北部開始實施，民政長官後藤新平於一八九八年七月廿八日親入宜蘭，降誘林火旺、林少花、林朝俊等抗日部隊七百餘人。同年八月十日，台北縣知事日人村上，亦至坪林尾誘降陳秋菊、鄭文流、林清秀等。此外，同月二十三日有水返腳（編按：今汐止）之盧阿爺等九百餘人，同年九月八日另有宜蘭的簡大獅等五百餘人，先後被日方誘降。

但是，各地領袖被誘降之後，日寇就進行對他們部屬的分解，監禁和殺戮，到其部屬全部被消滅之後，再將投降的領袖加以處死。因此，這種「招降政策」，祇能實施於北部，至於南部的領袖，鑑於北部抗日部隊的覆轍，他們不但對日方的引誘置之不理，而且繼續反抗。又由於日寇的苛捐雜稅，激起了台灣人民普遍的反感，台灣的抗日鬥爭，不但沒有因「招降政策」而消沉，反而其勢力日益壯大。

　　一八九八年七月，高乞集結義民佔領橫山，又與林添丁所部聯合襲擊店仔口（編按：今台南白河）日本辦務署，這是南台北路的情形。南台的南路，抗日勢力更盛，在林少貓、林添福等領導之下，據日方的發表，亦有武裝人民三千餘，同年年底，大舉襲擊各州廳日本辦務署。同年十二月十九日，下淡水溪地方的抗日部隊攻入恆春，與番族七百餘人聯合，襲擊日本辦務署，佔領日本各機關，歷時十餘日，至三十一日始退出。

　　日本的誘降政策，在南部完全失敗，因此日寇不得不再實施恐怖的「討伐」，血腥的屠殺政策，對於凡曾有抗日份子存在的村莊，不分皂白，一律焚殺。另一方面，於一八九九年一月，以大隊猛攻雲林，並且利用滿清方面的奸細，誘捕該地抗日領袖劉德杓，移交清廷，才算一時壓下了雲林方面的抗日勢力。

　　從此以後，日寇就開始進行無情的「血的掃蕩」。一八九九年三月，太平頂（編按：今高雄小港、坪頂，大坪等地）地方的柯鐵，後大埔（編按：今嘉義大埔）的黃國鎮，凍仔腳的林添丁等人被圍困，不得已由領袖個別出降。同年四月，十八重溪的阮振，五月十二日，南路的林少貓，被攻亦暫時「歸順」。同年十二月，拒絕誘降的高乞、魏開、盧石頭等部，受到日軍

第三旅團的圍剿；一九〇〇年五月一日假降的雲林柯鐵所部又起反抗,終於遭到日軍第三師團的掃蕩而消滅。

二十世紀一開始,一九〇一年二月,詹阿瑞領導發動了對台中日寇的大舉進攻；同年十一月二十三日,嘉義的黃茂松等亦發動對朴仔腳日本辦務署的攻擊,展開了二十世紀台灣抗日鬥爭的第一頁。

這樣,台灣中南部的抗日民眾,在日軍「血的掃蕩」,眾寡懸殊的形勢之下,堅持作戰十個多月,至是年十二月,放弄山抗日根據地被攻陷,黃茂松等四十餘領袖慘遭毒害。一九〇二年三、四月,黃國鎮、林添丁先後被捕,均當日因不屈而被殺。是年四月十五日,一度投降而仍秘密進行抗戰的阮振,以店仔口一役,壯烈犧牲。一九〇二年五月廿五日,張大猷等三百六十餘人假為投降,在這一天日方特別舉行「歸順典禮」時,突然起而暴動,殺死了日方許多重要官吏及將領,最後以眾寡不敵而全部被害。

四、林少貓事件

上面所說許多抗日領袖,降而復叛,終於被捕殺,可見日寇之毫無信義,恐怖手段之毒辣,其最鮮明的例子,就是「林少貓事件」。

林少貓是台灣南部的社會領袖,他在鳳山、阿猴（今之屏東）、潮州、阿里港（編按：今屏東里港）、東港、下淡水溪各地,有極大的潛勢力。他與台南的林天福和吳萬興等,互通聲氣,以義相結,不甘受日寇的奴役。一八九八年十二月,他們即曾聯合起來,以千餘人出擊潮州日本辦務署,殺死辦務署

長瀨戶等，一時台南方面的日寇，亦因而恐慌逃避。是時的總督兒玉源太郎也只好宣布招撫，不惜盡其誘惑的能事，使林少貓等誤入其計。

及林少貓誤中敵計之後，正在整頓後壁林的土地，以待日方的履約，提付鉅額資金，實行開墾，以維持部屬的生活。哪知日方多疑而無信，竟藉口林氏等有「陽為投順，實謀培養兵力，以圖大舉抗日」，突然乘其無備，以大兵進行偷襲。林氏於一八九九年，與日方議和，一九〇〇年二月舉行「歸順式」，但日方旋即宣稱他「在後壁林建造巍然的城郭，常多傲慢不遜的行動，儼然成為日本一大敵國」，而突於一九〇二年五月廿八日，由兒玉總督令其幕僚村岡恒利，指揮台南守備隊、憲兵及警察隊，祕密準備圍剿。至二十一日，即出動包圍後壁林，大舉進攻。林等事先毫無防衛，至此驚慌無措。林氏本人即改扮為一苦力，由本宅後門出遁，但邸宅已遭重重包圍。日軍奉令不分人畜，一律加以殺戮，故林氏出門未及五步，就遭預伏竹林中的日寇所槍殺。

事後，日本混成第三旅團，於六月七日報告，日寇在後壁林慘殺林氏家屬及親友，共男子一百〇七人，女子三十一人，幼童十五人。捕獲後殺死的男子三十一人，女子二十二人，小兒二十五人。其慘無人道，已可想見，何況這種報告上的數目，不知已打了多少折扣呢！林少貓之外，其他民族領袖吳萬興、林天福等亦一齊被殺。

據日方文件：自一八九七年至一九〇二年，台灣抗戰志士被捕者八千〇三十人，其中被殺者三千四百七十三人，而在戰爭中被焚殺活埋者，更不知凡幾。這種台灣人民的為國犧牲的精神，真是漢民族最優秀的表現！

五、武裝抗日的末期

　　由於日寇之暴虐無道,奸詐虛偽,實行「先撫而後剿」的政策,台灣各地的抗日暴動,相繼失敗了,而以一九〇二年「林少貓事件」為最後,台灣的抗日鬥爭,也就逐暫平靜下去。

　　一九〇二年至一九〇七年,這四五年間,表面上台灣人民像是「歸順」了日本帝國主義,但是,台灣人民對日寇的仇恨心,是有增無減,他們都隨時準備著犧牲奮鬥。自一九〇七年至一九一五年,這八九年中間,此伏彼起,發生了下記幾次大規模的抗日鬥爭:

　　北埔事件:一九〇七年十一月十四日,新竹廳月眉莊蔡清淋領導民眾掀起抗日暴動,攻佔北埔支廳,捕殺日本支廳長,各官署長官,警察等十八人,日官家屬二十二人,及其他在地方虐待人民的日本人十五名。進而南下,直撲新竹。後來在日方台北守備隊,警察隊合攻之下,始被鎮壓下去。

　　林圯埔事件:日本大財閥三菱,在日當局庇護之下,侵佔民間竹林,大舉採伐,引起人民的極度反感。於是志士劉乾,號召人民,起而抗日,於一九一二年三月二十三日,進襲林圯埔支廳(今之竹山)頂林莊警察官派出所,殺死日本警官。南投廳即動員大批軍警,向山林攻擊,接戰七日,結果起義者寡不敵眾,多人被殺,十二人被捕,後皆被處死刑。

　　土庫起義:林圯埔事件後僅三個月,又有嘉義廳打貓(編按:今民雄)地方的農民林朝等,傳播祖國反滿革命已告成功的消息,號召鄉民響應,以驅逐日寇。於六月廿七日為日方發覺,大舉搜捕,發生巷戰。林氏等多數被害。

　　苗栗事件:祖國反滿革命對台灣的影響日益普及,時有

新竹廳苗栗牛桐莊人羅福星發動全島抗日運動,以謀實行台灣獨立。羅氏曾任新加坡華僑學校校長,富於革命意識,辛亥革命時,亦參加過革命軍。於一九一二年渡台,在苗栗地方組織革命同盟會、新民會等,不幸在推進革命組織中,在淡水方面為日方所捕,日方經過長期的搜索檢舉,被捕革命同志達一千二百十一人,於一九一四年十一月至十二月,在日寇苗栗臨時法院受審,結果死刑者二百二十一人,有期徒刑者二百八十五人。

這一次事件,直接對日寇的打擊,雖因事洩而不大,但是在開始以組織的力量反抗日寇這一點上,有很大的意義,而且在提高台灣人民的民族革命意識方面,亦存很大的影響。

六、西來庵事件

西來庵事件的領袖余清芳,屏東人,曾任台南廳鳳山縣的警員,因目睹日人暴政,憤然辭職,常懷驅逐日人,光復台灣。他辭職後,於一九一五年,遷居於台南縣後鄉莊,鄰近噍吧哖(編按:今玉井),見噍吧哖人受日人壓迫,不堪坐視,乃決心起事。

噍吧哖為一山間僻地,民風素樸,風景清秀,雖如世外桃源,也難免日人的蹂躪。余清芳與該縣竹頭崎(編按:今嘉義竹崎)莊區長江定有交,他們倆又招嘉義廳他里霧人羅俊,台南廳參事蘇有志,大潭莊區長鄭利記等,密謀結盟抗日舉義。一九一五年二月,余清芳與江定擬定起義計劃,羅俊亦參加,由三人名義向各地「菜堂」(齋教)活動,勸勉各信徒一致奮起,與台南西來庵的董事合作,發動台灣民眾。同年四

月,利用西來庵的改築和祭事,集合資金,以為抗日軍餉,廣募志士,參加抗日。推余清芳為大元帥,奉「大明慈悲國」之名,發表「諭告文」。一時台北、台中、南投、嘉義、阿猴（編按：今屏東）各廳屬各縣居民,尤其是台南阿猴兩廳交界的山地人民,紛紛參加,勢力發展甚速,致為日寇所偵悉。至同年五月由基隆開往廈門的「大仁丸」內,台南廳阿公店（編按：今岡山）支廳大社莊人蘇東海及同行乘客中國人二名被檢查時,被搜出有關抗日的書信,事遂暴露。日寇乃在台南、嘉義、台中方面開始大規模的搜查。羅俊在竹頭崎山中就捕,於是余清芳、江定知事已急,倉卒集合同志千餘人,祭旗興師。七月九日拂曉,突襲甲仙埔支廳,另派別動隊襲擊小張犁、大坵園、阿里關、十張犁等警察派出所,殺日警及其家族三十餘人。又八月二日襲南庄警察派出所,殺日人二十餘人,乘勢於五日及六日,其部下一千餘人,攻噍吧哖市街,佔據噍吧哖支廳東北一千八百公尺地點標高五百九十三尺之高地虎頭山,包圍噍吧哖,與日本台南守備隊及警察隊交戰。日方持其強大的武力,日夜轟擊,連戰七晝夜。抗日軍因訓練未精,武器又舊,到底不能支持,山寨遂被日軍砲兵攻破,乃乘夜退入山中。此時僅剩三百餘人,攀山過嶺,風餐露宿,連跑十多天,奔到四社寮山中,但疲乏飢餒,疫癘交侵,余清芳也病臥草中,加之日方搜索甚緊,至二十二日余氏在王來莊被捕了。又江定至翌年五月十八日投降,這事件始告一段落。

　　據日方公報：是役交戰而死者一百五十九人,因抵抗而被擊斃者一百五十八人。被捕者余清芳、羅俊以下一千四百十三人。

　　但日寇對這次抗戰,抱恨太深,於一九一五年五月,在台

南開了臨時法院,至八月廿五日,舉行第一審公判,乃大洩毒手,發揮殘暴,自九月六日至十一月一日,不到兩個月間,領袖以下慘被執行死刑九十五人,而同判死刑的達八百六十六人之多,於同年十一月十日,因大正天皇即位而改處以終身監禁,然而至一九一六年七月二日,江定等三十七人,又遭屠殺,另有廿二名志士被判十五年苦刑,二人判九年苦刑。

不但如此,日寇竟將噍吧哖附近之後厝、竹園、番仔厝、新化、內庄、左鎮、茶寮等二十多村莊住民,全部看作兇犯,實行世界裁判史上空前的大慘案。即因集民眾三千二百餘人於一山坡,另擇一大平地為刑場,以一百人為一次,依次屠殺,除婦女外,不分老幼,老者龍鐘佝僂,幼者就乳襁褓,無一幸免,實世界未曾有之浩劫。殺屍盈野,血流成河,且任其晒日雨淋,臭氣薰天,悽慘之極,誠不堪設想了。

七、武裝抗日運動的經驗與教訓

台灣人民的武裝抗日運動,至西來庵事件而告結束,每一次暴動都在日寇大規模流血恐怖的鎮壓下,完全失敗了。抗日暴動失敗的主要原因是:

1. 缺乏健全的中央領導者,缺乏一個革命的黨。
2. 起義暴動者未受充份的戰術訓練,無游擊戰組織。
3. 各起義者雖前仆後繼,但彼此缺乏聯繫。
4. 沒有抗日民族革命政治鋼領,多以復仇式及利用迷信神道以動員羣眾,故團結不能堅固。
5. 和祖國沒有密切聯繫,而祖國各革命團體對台灣人的抗日運動,也缺乏指導與援助。

但是，堅持十年的抗日暴動，也有相當的成就：
1. 他們用鮮血淋漓的事實，來反證日寇殖民政策和懷柔政策的欺騙性，提高了台灣人民抗日的民族自覺。
2. 他們開始由少數人的抗日暴動，進而展開深入羣眾的民族革命宣傳與組織，其中尤以苗栗事件及西來庵事件，雖然仍不乏利用迷信方式，但在聯繫羣眾這一點，對於以後台灣民族革命運動，有了極大的作用。
3. 台灣民族革命運動，從此以後開始與祖國的革命運動發生配合。

八、日本帝國主義在台灣的初期經濟政策

一八九五年至一九〇二年這八年間，因為全島的武裝抗日，此伏彼起，使日本帝國主義者手忙腳亂，難於應付，所以在這一期間中，日帝的主要努力，也只是局限於政治上的「確立治安」，而對經濟方面的措施無暇顧及。

一九〇二年「林少貓事件」以後，台灣治安始得到「小康」，於是日寇就企圖確定地籍和人口，作為殖民施政的基礎，進而建設台灣為「南進」的根據地。

一九〇三年九月開始戶口調查之準備，一九〇五年七月一日起三日間，實施全島戶口調查。據日方文件：這次調查，動員了監督委員八百四十二人，監督補助委員一千三百三十九人，調查委員五千二百二十四人，總計七千四百〇五人。調查完結的戶口，計住宅數四十八萬七千三百五十三，戶數五十八萬五千一百九十五，人口三百〇三萬九千七百五十一人。

日本在台灣實施的土地調查，是以地籍調查為主，目的是

以明確稅源,確立徵稅的基礎。台灣的土地權利,一向非常混亂,地租也依極不正確的基準而徵收,故清朝時期,就認為有調查土地及改訂地租的必要,劉銘傳曾努力於土地丈量及清賦事業的計劃,惜未及完成。

當日本佔領台灣時,雖有各種簿籍,但多遭兵燹而散逸,因此,日寇早就企圖進行土地調查,但是民眾之懷疑反抗,使日寇無法下手。一八九八年,先後公布台灣地籍規則,台灣土地調查規則,土地調查委員會規則等,又公布臨時台灣土地調查局官制,至一九〇四年始稱稍有頭緒。由於土地調查完成,即進而改訂地租,增加租率,收買大租權,公認小租戶之業主權,使其負納稅義務,完成了所謂「土地整理」。土地調查的結果,所有農田甲數,由原數三十六萬一千四百十七甲,增至七十七萬七千八百五十甲,耕地增加兩倍。日本統治者成為變相的大地主,原有的大地主從此被併吞消滅,而小地主變成了日本統治者的收租吏!

一方面極力獎勵日人資本家向台投資,創設各種企業,加以政治上、金融上的保護和援助,但對台灣人的經濟活動,卻加以各種干涉,甚至禁止純由台灣人創設株式會社(股份公司),以致台灣資產階級無法抬頭,與日帝資產階級競爭。

其次,最重要的是台灣銀行的創設。日本領台後,日本大阪中立銀行及日本銀行,於民國前十七年九月和十二月,相繼在台北設置出張所,是為本省最初之銀行。但日本帝國主義者,為開拓殖民地起見,認為有在台灣設立可以發行銀行券之特殊銀行的必要,遂於民國前十三年六月,創設台灣銀行。從此以後,台灣銀行控制了台灣一切的金融機關,並因此日本帝國主義資本控制了台灣一切的經濟命脈。進而成為了其後日帝

對華南、南洋的侵略機關。「台行」成立以後，日本在外的中小商人及企業家，就是所謂「南進先驅者」及至漁夫農夫的活動，就完全靠了這個特殊機關的支持。它不斷地向中國各地，特別是華南及南洋方面發展，創設了許多出張所或支店，而這些出張所及支店的特派員，成為了日帝對華南、南洋各地掠奪金融及經濟權利的先遣隊。

第七章
日本侵略時代（二）
——自一九一五年至一九三一年

一、日寇的「懷柔政策」

如上面所說，日本初期統治台灣的政策是以暴力恐怖鎮壓台灣人民的武裝抗日，再行使權力，掠奪土地，榨取農產，同時實行獨佔金融機關和企業。

雖然台灣人民的抗日武裝，一時在血的洗禮之下平靜下去，但是由於土地的掠奪和苛捐雜稅的加重，台灣人民對日寇的仇恨，日積日深，原本無組織的個別反抗，也逐漸轉為有組織的反抗，對於日寇的統治，都隨時可能造成威脅，於是日寇也就不得不改變態度，盡力應用欺騙政策。

又當第一次世界大戰之際，日本乘機對中國及南洋擴張其侵略勢力，以台灣為侵略基地，正需要利用台灣人。因此開始對台灣人採取懷柔政策，在政治、經濟、文化、教育、社會各方面，都採取了一種改良主義。凡是願受日寇驅策的，不惜稍予小惠，但對堅持反抗的，則更殘酷地加以報復。

這種政策不能說沒有成功之處，就是由於懷柔，對於一部份地主及資本家，以及一部份的知識分子（當然，這些知識分子多數同時為地主、資本家或高利貸商人），卻發生了引誘的作用，伏伏貼貼地被利用的人也在不少。

這種欺騙政策，我們可以由下面幾種措施看得出來：

在政治方面：一九一八年，改為文官充任台灣總督，以表示撤銷「軍政」。又於一九二〇年，實施「地方自治」制度，各州、各市、各街庄，均有所謂「協議會」。這些協議會之組織，各設議長一人，以州知事、市尹（市長）、街庄長充任，議員則由總督任定。故在表面上，雖似使地方人民參加地方政治，但實際上則為加強其「愚民政策」的統治。所謂「協議

會」，其實既非議決機關，又非詢問機關，僅為地方長官的傀儡而已。此種「地方自治」制度，與日本之府縣町村的自治不同，祇有其名，而無其實。

在經濟方面：由於日寇對山林、土地、原野的掠奪，殆已完畢，近代企業及金融的獨佔也已完成；而台灣資產階級及地主們也完全受了控制，已無法獨自發展；於是，台灣總督就取銷了「禁止純由本島人創設之株式會社」的禁令。而且勸誘他們投資日本政府獎勵創設的半官民的會社（公司），企圖吸收台灣人民的資本，而置於他們的支配之下。因此，台灣人資本家地主們，對於日本帝國主義的各種企業，也就逐漸參加投資，受其利潤的分配，與日本帝國主義者發生利害關係。

在社會方面：每年由日皇或日后「惠賜」一些救濟資金，施設各種慈善機關，例如：開設慈惠院、恤救鰥寡孤兒，或對貧民施藥治療；設立感化院，對不良兒童施行感化教育等等，以騙取台灣民心。

在文化教育方面：在日寇領台後不久，就開始灌施日本化教育，時刻推行日語，以收復人心。但初期不過是教育的試驗時期。至一九一九年，日人始發布台灣教育令，對台人的教育，確立學制及教育方針。嗣後台灣的初等普通教育始普遍發達。但日人對台人的教育，無非是啟發台人心智，使台人更能有效地受其驅使，至於致力於實業和科學教育的普及，亦不過是培養一些工商業下級幹部，以助長其對台灣的經濟榨取。

他們對於社會教育亦甚注意，於一九一五年就在各地設立國語（日語）普及會，國語練習會，極力對壯年層及老年層推行日語教育。此外，又組織家長會、主婦會、青年團等等，有意提高台灣人的文化水準。對於高山族的兒童，則設立高山教

育所,藉以教化高山族。

在推行教育時,由於語言的關係,日人最感困難的是師資問題,於是他們就開支一大筆經費,開辦官費的國語學校(即後來師範學校的前身),培養大批初級學校的教員,來替他們效勞。

這種以改良或施惠的懷柔政策,自安東(一九一五年)經明石(一九一八年)、田(一九一九年),以及內田、伊藤、上山、川村、石塚、太田、南、中川等,歷代總督都循著這一條路線。

二、當時的內外形勢與台灣抗日運動的再出發

不管日寇對台灣人民採取任何政策,日寇對台灣的企圖是要實現「標準殖民地」的。所以日本帝國主義者對台灣的一切政策,都是為了「日本資本主義的繁榮」,絕不能顧到台灣人民的死活。在台灣一切的日本人,在社會上都佔著優越的地位,台灣人民都受著民族的歧視,在經濟、政治、教育各方面,都得不到平等的待遇。

在政治方面:台灣人民沒有絲毫的政治權利和自由。強大的警察組織統治著全體台灣人民。因為有「六三法」的存在,日寇在行政上,都可以任意濫用「違警例」,這是警察的大權;凡在法律所沒有的罰則,都可以藉「違警例」來執行;凡警察認為不如意,就以「違警例」加以處罰。

在經濟方面:日本資本主義在台灣發展的過程中,台灣的社會起了很大的變化:首先破壞了自給自足的自然經濟;原有的小規模的手工業和家庭工業,在資本主義近代工業的壓迫之

下,日趨破產;農村中的封建剝削關係,不但未完全消除,日本帝國主義者,反而利用這種封建剝削關係,來掠奪土地,進行其資本的原始蓄積,使廣大的農民陷於極端困苦狀態,甚至破產而淪落為貧苦工人。又因為日本資產階級在強有力的政權及金融機關的保護之下,壟斷了台灣全體的經濟命脈,使台灣民族資產階級失卻了發展的機會,因此,台灣的民族資產階級,就不得不投向土地,去繼續其封建剝削,或投資日人經營的企業,去維持生存。一方面,跟著日本資本主義在台灣的發展,廣大的工人階級也就急速成長起來,但工人階級卻在惡劣的勞動條件之下,受著日本資本主義的殘酷剝削。

在文化教育方面:日本帝國主義在台灣普及普通教育的主要目的,是為了消滅台灣人民的民族意識,堅固其統治權;是為了培養下級的辦事人材,作為剝削台灣人民的工具。但是,由於政治上的壓迫,經濟上的剝削和社會上的各種不平等待遇,台灣人民的民族意識不但不能消滅,反而日益加強起來,而且得到近代的科學教育之後,他們卻接受了新的知識、新的文化、新的思想,對於日本帝國主義統治台灣的政策和方針,開了批評的眼光。

在這種台灣內部的新的客觀情勢之下,台灣人民的抗日運動,也就以新的形態出現了。但是,刺激台灣人民採取新的形態開始新的抗日運動的,是國際情勢的大變化。

第一次世界大戰以後,國際情勢起了很大的變化:

第一:大戰結束後,誕生了一個社會主義的國家蘇聯,它的一切國家制度引起了全世界的注目,而它的世界革命政策中,殖民地的民族革命問題,佔了重大的位置,大大地刺激了台灣人民的抗日情緒。

第二：中國也以第一次世界大戰為契機，民主革命的浪潮，也日益高漲起來，最主要的是：中國共產黨的創立及其活動的展開，和國共合作的實現和北伐的成功，其後國共分裂而內戰的展開，這些是政治方面的重大事件。在文化和社會方面，自一九一九年的「五四」運動開始，也出現了重大變化，新舊思潮的對流，新舊制度的決鬥，新舊勢力的消長，構成中國歷史上光芒萬丈的一頁，所有這些當然更直接間接影響了台灣的民族運動。

第三：大戰結束後，列強又向東方活動，出現了英美日諸帝國主義者的新競爭，同時帝國主義反蘇的武裝干涉雖告失敗，但帝國主義反對蘇聯的冷戰仍在展開。因此，在帝國主義與社會主義的鬥爭中，在帝國主義與帝國主義的鬥爭中，在全世界殖民地民族反帝的鬥爭中，中國亦出現了空前未見的戰鬥時代，從一九二五年的上海五卅慘案開始，演至沙基慘案，省港大罷工，國民革命軍的北伐，以及後來國共兩黨間的內戰等等都是反帝反封建的具體表現，這些當然對於台灣民族革命運動，予以很大的影響。同時，這一時期的日本革命運動的澎湃，也影響了台灣革命運動不少，尤其是日本共產黨和日本農民組合，給與台灣人民很多幫助。

三、同化會、文化協會、農民組合、工會

一九一五年的大屠殺（西來庵事件）以後，約五六年之間，台灣人民的抗日運動，一直消沈下去。在這期間中，祇有林獻堂之流，逢迎日本帝國主義的懷柔政策，與日人貴族板垣伯爵，在台灣組織「同化會」，主張日人與台灣人應該在精神

上與社會上同化,而要達此目的,當局應該一視同仁,不可在政治上和經濟上歧視台灣人等等。這種運動後來被稱為「改良主義的啓蒙運動」,但實際上是出賣台灣人民的靈魂。

直至一九一九年——二〇年之間,受了國內五四運動的影響,一部份進步的知識份子,組織了「啓蒙會」和「新民會」,仿傚當時國內的「新青年」,出版「台灣青年」,展開了台灣人民的啟蒙運動。同時以東京的留學生為中心,組織了「台灣青年會」,這些學生又利用放假的時期,組織「巡迴講演團」,在台各地批評日本在台統治政策,喚起台灣人民的抗日情緒,引起了日本統治者極大的恐慌。

一九二一年,進步的知識份子和開明紳士,即更進一步,組織「台灣文化協會」,有計劃地推行啓蒙運動,這是台人抗日運動最初的全島規模的組織。不過這個運動,初期也祇限於知識份子上面,還沒有工人、農民參加,但對於工人農民的影響是很大的,「台灣文化協會」對初期台灣民族運動的貢獻是不能抹煞的。

由於「文化協會」的啓蒙運動,台灣的工人和農民,也開始民族的和階級的自覺而組織起來。台灣農民的第一個組織是一九二五年初成立的「蔗農組合」,這個團體是為了反抗製糖公司對台灣蔗農的殘酷剝削,擁護蔗農的利益而組織的。最初因原料問題引起蔗農與公司間的鬥爭,本來是一種經濟鬥爭,但因政府出動警察隊加以鎮壓,遂由經濟鬥爭發展到政治性的鬥爭。由於蔗農鬥志的堅強,警察亦束手無策,結果各製糖公司也不得不向蔗農讓步。

蔗農鬥爭的初步勝利,刺激了全島的農民,於是一般佃戶也開始組織起來,各地成立了「農民組合」,向各地主鬥爭,

他們的目標是：確保佃農的耕作權；反對地主的過高剝削，要求減租減息；反對日本製糖公司及拓殖公司對台灣農民的無理剝削和奴役。後來「蔗農組合」與各地的「農民組合」合併，成立一個統一的「台灣農民組合」，成了台灣農民的單一的堅強的聯合組織。從此以後，為了竹林問題、芭蕉問題、原料問題、租穀問題，先後展開了數十次的激烈的鬥爭。而從此以後，台灣的農民運動就不是單純的抗日運動和經濟鬥爭，已包含著許多階級的政治鬥爭的成份。

　　台灣的工人運動也在一九二五年，有組織地展開起來。工人運動的中心是「工會」。他們已經採取了近代工會的形態，以保障工人權利，改善勞動條件，發展工人福利事業為主要宗旨。為著實現這些目的，他們曾先後發動了無數次的罷工。就中，如高雄土敏土公司、基隆碼頭、台北印刷廠的幾次大罷工，使台灣統治者驚惶萬狀，而大聲疾呼說「共產黨」已在台灣擴張勢力了。自一九二五年初至一九二七年末，僅在這三年之間，台灣各地成立了數十個大小工會。但沒有密切的聯繫，因此各次罷工鬥爭，都不能得到滿意的成功，於是在一九二八年初，就展開了工會的大聯合運動。可惜，由於「台灣文化協會」左右派的分裂，致使台灣的工會，也形成了左右兩派，成立了左派的「台灣總工會」和右派的「台灣工友總聯盟」兩個團體。

四、台灣文化協會的分裂，台灣民眾黨、　　台灣自治聯盟、台灣共產黨的產生

　　如上面所說，台灣文化協會，初期不過是文化思想的啟蒙

運動,同時也是台灣各階層人民的統一戰線,雖然主要的領導者多屬上層知識份子,但會員包括開明資本家、地主和一般工商業家,後來也有不少工人農民參加。

但是,由於初期共產主義者的活動,使這個團體逐漸走向「左傾」,由「台灣議會設置請願運動」進到要求台灣獨立、要求民族解放的革命鬥爭。在這時期,上海、東京及台灣各地都有「社會科學研究會」、「學術研究會」、「讀書會」等等研究「馬克思主義」的團體在活動,這些團體的成員,大多數同時也是「文化協會」的會員,而在該會會內佔著優勢的勢力。因此從前參加文化協會的地主和資產階級,就覺得他們與日本帝國主義者倒有利害關係的共通點,所以他們就逐漸勾結日本帝國主義者,極力阻止文化協會的左傾,及至無法阻止時,他們就公然抨擊左傾份子,脫離該會,而另組「台灣民眾黨」(一九二七年),以要求地方自治為主要目標,再加上多少政治、經濟、社會各方面的改良政策。同時從前文化協會影響下的工會,也分為兩派,(如上面說過),這是台灣地主及資產階級背叛台灣人民,出賣民族,向日本帝國主義投降的第一步。

但是,「民眾黨」的成員也非常複雜,包括大地主、資產階級、工人、農民、小工商業者,當然其階級利害各有不同,尤其是民眾黨傘下的「工友總聯盟」的工人們,跟著生活的困難,日益左傾,又由於黨內的較有良心的民族主義者(如蔣渭水氏)的活動,以致工農羣眾及一般小市民向大地主及資產階級攻擊,於是再告分裂,大地主及資產階級於一九三〇年八月十七日另組「台灣自治聯盟」,其政綱較「民眾黨」為單純,僅限於地方自治的改革。

大地主及資產階級脫離黨以後，台灣民眾黨益加混亂，左派、中間派、右派的對立鬥爭非常厲害，其間左派最佔優勢，一九三一年二月，舉行全島代表大會，通過新三大綱領。其綱領如下：（一）勞働者、農民、無產市民及一切貧苦民眾之政治自由之鬥爭；（二）勞働者、農民、無產市民及一切貧苦民眾之經濟利益之擁護；（三）勞働者、農民、無產市民及一切貧苦民眾之擴大組織之努力。

　　這種綱領的性質，不僅超出向來的要求地方自治目標，甚且較「民族自決」還過之，實為一種階級的政治鬥爭，日本當局遂以妨害秩序安寧為理由，命令解散。

　　台灣共產黨於一九二八年春在上海成立，從莫斯科回來的共產黨員林木順、謝雪紅等到上海之後，召集上海（翁澤生等）、台灣（蔡孝乾、林日高等）、東京（陳來旺等）的共產主義者集團，在日共領袖渡邊政之輔、德田球一等及中共、韓共許多領袖參加之下，以「日本共產黨台灣民族支部」的名義誕生。它的主要綱領是：

1. 推翻日本帝國主義統治，台灣獨立。
2. 沒收日本帝國主義在台灣的財產、土地、企業及銀行。
3. 實行土地革命，消滅封建剝削制度。
4. 建立台灣獨立民主政府。

　　它控制了台灣農民組合、台灣各種工會、台灣文化協會、反帝同盟、赤色救援會，甚至影響到台灣民眾黨，展開了各種各樣的經濟、文化、或政治鬥爭，造成了一九二八年至一九三一年台灣民族革命運動的高潮時期。我們由各種鬥爭中，台共所提出的政治口號，可以看出其活動的廣泛和影響範圍之大。當時台共所提出的政治口號，主要的是：

1. 反對總督獨裁政治,撤廢「六三法」。
2. 反對總督府評議會及各州廳街庄協議會的偽民意機關。
3. 撤廢保甲制度及一切壓迫人民的諸惡法。
4. 要求言論、集會、結社、出版、罷工的自由。
5. 要求釋放解放運動的犧牲者。
6. 撤廢苛捐雜稅,實行統一累進稅。
7. 制定勞働法,確立罷工權和團體交涉權。
8. 制定資本家負責的失業、傷病、社會保險制度。
9. 反對官有地給予或賣讓日人退官者。
10. 撤廢甘蔗採取區域制度。
11. 反對「立毛差押」,確立耕作權,制定最高佃租。
12. 反對奴隸教育,要求義務教育費全部國家負擔。
13. 要求民族一律平等,反對日台人差別待遇。
14. 擁護中國革命,反對出兵中國,反對干涉中國內政。
15. 日本、中國、朝鮮、台灣的工農羣眾團結起來。
16. 全世界的被壓迫階級和被壓迫民族聯合起來。
17. 擁護蘇聯,反對世界帝國主義的侵略行為!

等等。

　　當然,日本當局對於台共及台共控制下的農民組合工會等各團體的活動,是不能放過的。一九二九年二月十二日,對農民組合的幹部及活動份子,一齊逮捕數百名,破壞了各地的農民組織;一九三一年三月起,開始進攻台共,逮捕了八百多人,先後繼續了兩年多的搜捕,合反帝同盟及赤色救援會會員,共逮捕兩千多人,續來就是台灣文化協會及台灣農民組合的強迫解散。

　　這樣,台共領導下的台灣民族革命運動,又被日本帝國主

義強大的警察力鎮壓下去。從此經過「九一八」的所謂「滿洲事變」、中日戰爭、太平洋戰爭，直至日本投降為止，台灣人民都過著台灣有史以來最黑暗、最痛苦的生活。

五、霧社事件

　　台灣的民族革命運動，大體上都在佔台灣人口最大部份的漢族中進行。至於少數民族的高山族，表面上雖然沒有任何組織，也沒有任何政黨政團向高山族推行宣傳教育工作，但是我們應該知道，大部份的高山族是與漢民族雜居，或經常接觸的，因此漢族的民族革命運動對高山族的影響是很大的，他們的文化水準也日漸在提高的過程中，他們也開始瞭解反抗日本的暴壓統治的方法。這種進步的高山族的抗日思想，也逐漸傳至深山中的落後的高山族中間，終於一九三〇年發生了震動日本朝野的「霧社事件」。這事件的經過是這樣的：

　　是年十月廿七日，霧社決定舉行秋季運動大會，自二十二日起開始設備會場。高山族一向是很耐勞役，而工錢又低廉，但是日人卻蔑視他們，所以他們平素就對日人懷了反抗心。這次舉行運動會，日人便僱了高山族十餘人，搬運材木，此時因下雨，道路泥濘，工作遲緩，監工的日人警察石川和吉村二人，就執鞭痛打，其中一人不服，反唇叱罵，日人愈怒，而更加毒打，至夜半此人因傷致死，全山高山族舊恨新仇並發。又有高山族，日名叫做花岡一郎和花岡二郎，均受過中等教育（一人畢業師範學校一人畢業農業學校），擔任小學教員，是高山族的知識份子。且他們的妻室美麗，曾為日警圖姦未遂，懷恨未報。於是高山族社眾乃推花岡兄弟及番社頭目摩那・邏

達奧為首,籌謀決定於運動會那日發動暴動。

廿七日晨,如期舉行運動會,日人來賓及學生家長都來參觀,正在興高采烈之時,高山族社眾早已埋伏會場周圍,約近午刻時候,他們先將番童逐一抽走,花岡兄弟脫了教員制服,換上番服,角聲一鳴,番眾五百餘人挺身而起,刀尖閃閃,人頭落地,把在場的日人盡皆殺死,同時圍攻警察派出所、郵局、日人公司、日人官員宿舍等,共殺了一百三十四人,受傷半死者二百十五人。他們佔領霧社三天,獲取武器彈藥,退入深山。日人遂遣大兵,實行圍剿,但在深山森林裏面,已無用武之地。於是日人不顧人道,違反國際條約,曾使用飛機放下毒瓦斯,再加兵馬,接戰月餘,尚未有顯著戰果。後來用了招降政策,但高山族的同胞始終拒絕日寇的誘降。至十一月十九日,在馬漢博番社第一巖窟附近,發現了番民縊屍十九具,廿日在第二巖窟附近森林中,又發現了婦女兒童一百四十人一連串縊死,或謂這批是中日寇毒瓦斯而死的。其他戰死及自縊者四百多人。羅達奧及花岡兄弟以下幹部四十餘人,均在巖窟中一齊自盡。

高山族這種高度的抗日情緒及民族精神的表現,一方面是受了台灣漢族民族運動的影響,但同時也可說更加激勵了漢族的抗日意識。

六、這時期台灣民族革命運動的經驗與教訓

一九一五年至一九三一年這一時期的台灣民族革命運動,也都被日本帝國主義的武力鎮壓下去,其主要原因是:

1. 日帝對台灣統治力量的強化。

2. 台灣各種革命組織尚未鞏固，統一戰線的形成不夠，致遭日寇個別的予以擊破。
3. 因為國內混亂，不能予台灣民族革命運動以有力的援助。

但是，這一時期的台灣民族革命運動，已有與昔日不同的特徵和成就：

1. 台灣民族運動，已在台灣人民中間，展開了廣泛的思想上的啟蒙運動，台灣人民的覺醒，比以前更普遍了。
2. 台灣民眾黨的強制解散，一九二九年至一九三八年，日寇對台共以及各民眾團體的大彈壓，使台灣人民對日寇妥協，信賴日寇的觀念更加動搖，因此替台灣民族革命運動的統一戰線開闢了一條大道。
3. 台灣民族革命運動已開始組織化和規律化，台灣人民已經成立了自己的政黨——台灣共產黨，而該黨在台灣人民的各種鬥爭中，發生了很大的作用。
4. 台灣人民的抗日運動，已經不是孤立，對內已有與高山族的聯繫，對外已有日本和中國人民的支持，尤其台灣共產黨在中共及日共領導之下，使台灣民族革命運動，成為世界的反帝、反封建的民族解放運動的一環。

第八章
日本侵略時代（三）
——自一九三二年至一九四五年

一、「皇民化」政策

自從一九三一年「九一八」事變以後，日本已走入了法西斯的道路，積極準備侵華戰爭，因此，日本對台灣的殖民政策，也進入了新的階段，盡力進行麻醉政策，提出所謂「皇民化運動」。

所謂「島民皇民化」的政策，就是因為日本對台灣人一向視為異民族，壓榨殘殺，毫無顧恤，因此抗日鬥爭層出不窮，使日本統治者也痛感來日大難，戰時更有極大的危險，當然更不能使台灣人民成為南侵的人力資源。所以提出了「島民皇民化」的口號。其第一步就是漢文的廢止，任何學校商業機關，都不准使用漢文，同時台灣各報章雜誌的漢版版也一律撤廢。一面強迫台灣人民學習日語日文，一面又可封鎖新聞，務使每一個台灣人民因此忘卻自己是中華民族，而誤認為自己也是「日本人」。

所謂「國語普及運動」，自從一九三九年（編按：應為一九三七年）的侵華戰爭發動以後，就以強迫手段推行，一九三七年四月底，全島能解日語的，不過三十七％而已，但到一九四二年四月底，便躍增至六〇％左右。所謂「國語講習所」，一九三七年度共有一萬六千三百十七所，講習生達一百〇四萬八千三百四十一名。台人就學率也日漸增加，一九〇二年不過三・二一％，但一九四二年，已增至六十四・八一％，這一時代青少年都受過日本帝國主義的麻醉教育，所謂「皇民意識之發揚」，同時也就是在使台灣人民的民族解放意識的消沈。

一九四三年起，又實施義務教育制度，使台灣人民的就學

率,由一九四二年的六十四・八％增至八十五％。日當局的預定:至一九四五年,男子九十三％,女子八十四・七五％,平均須達九○％。日寇的用意,當然不是為了提高台灣人民的文化水準,而是使他們在「皇民化」之下,變成為日本帝國主義的「順民」。

　　日本對台灣人民的「皇民化」政策,並在其他各方面推行。一九四○年起,公布鼓勵台灣人民改用日本人姓名的辦法。至一九四三年六月,改姓名的台灣人已達十萬,他們以為自己是「日本人」了。日本當局又制定一種獎勵方法,規定說日語的家庭為「國語家庭」,予以和日人同等的待遇(如配給物資等)。

　　台灣「皇民奉公會」就是這種「皇民化運動」的中央機關,成立於一九四一年四月,企圖把六百餘萬台灣人(漢族)和近二十萬的高山族,變成有日本精神的日本人。它的主要工作,第一為訓練青年,在全島設立六十六個「軍事訓練場」。每年受訓青年,至少有一萬人以上。第二為組織「增產挺身隊」,每年被迫參加的青年,也在三千以上。第三是「南侵」幹部的訓練。侵南工作,以能習慣熱帶地方的生活為前提,而台灣人民最適合這種條件。台灣總督府在日軍部後援之下,設立了「拓南工業戰士訓練所」、「拓南農業戰士訓練所」和「海洋訓練所」等等,培養向華南、南洋活動的幹部。此外,還設立了「婦女訓練所」,在全島也有五十所之多,每年對未婚女子訓練畢業的,也在六千人以上,以救急、看護為主要課目。

　　不但如此,還不斷地舉行所謂「職能奉公運動」、文化運動、生活改善運動等,脅誘台灣人民協助日本帝國主義者推進

侵略工作。所有的青年學校及青少年運動,也皆被利用到協助日帝的侵略工作方面去。全島七十間青年學校,於一九四三年增加至八十校,計劃至一九四九年約可增加七百校,學生達二十萬人。至於青年團,於一九四二年四月底,計有男團員四十二萬一千一百十名,女團員三十一萬三千二百名。少年團男子二十九萬二千○四十六名,女子六萬九千八百十名,都被迫編入所謂「陸海軍志願兵」的隊伍。他們自一九四二年起,開辦陸軍志願兵制度,脅使台灣壯丁數十萬人參加,一九四三年又開辦海軍志願兵制度,脅迫台灣壯丁數千名參加;一九四五年實施徵兵制度,威逼台灣人民參加軍需勞役及軍事訓練,至於高山族,則早在「高砂義勇隊」名義下,被驅使到南方作戰。

二、「工業化政策」及「戰時經濟體制」

從來日本帝國主義對台灣的經濟政策,是只知日本少數金融及產業資本家的自私利潤的追求,所以在農產部門,以米及砂糖為主要生產,其他適合於台灣發展的農業則非常缺乏,以致台灣不能自給自足。至於工業更無基礎。所以一到戰時,因過去對日本本國的依存性過大,就形成日本內地與殖民地間的經濟上重大危機。

自從「九一八」以後,歷來以米及甘蔗為中心,實行農業本位的台灣經濟,已臨於末路窮途。為著打開這種畸形發展的困難和危機,提出了所謂「台灣工業化」的口號。但是,因過去日本在台灣把工業化的基礎破壞的太厲害了,資材及勞働力都痛感不足。所以雖然提出了「台灣工業化」的口號,最初也

只是將農產加工工業做更進一步的積極化,此外是創辦幾種輕工業,當然還是很幼稚,鐵工業後來也出現了,但成績卻還是談不上。

又所謂「工業化」是以確保原料為必需條件,而開發島內地下資源為確保原料的先決條件。所以他們又計劃開發中北部的煤、中南部的石油、東北部的金和銅、北部的硫黃等等。台灣的黃金,在這一時期,對於日本國際貸借改善方面頗有貢獻。台灣的「日本鑛業公司」實行由二百萬圓一躍而一千萬圓的大增資,實行太基里溪砂金的大規模採掘。但是,當時日本為著侵略軍事上的需要,一切產業經濟計劃又遭受影響,不能立即實施,而不得不完全注力於「戰時體制」的準備。

「七七事變」以後,日本本國實施所謂「高度國防國家建設」,以台灣為其環節之一,因此台灣經濟也發展到「戰時體制」,經濟機構發生了劇烈的變化,自一九三八年度起,對各經濟部門加以嚴格的統制。台灣總督府的行政機構,也為適應經濟統制的實施而改組,如殖產局內的「米穀課」,於一九三九年七月改為「米穀局」,同年十二月,新設「統制經濟課」。一九四〇年二月,新設「物價調查課」,同年十月又在各州設立「產業部」,各廳及各郡設置「勸業課」,一九四一年一月又擴大「企劃部」。

他們實施經濟統制同時施行「台灣生產擴充五個年計劃」,當然工業部門是生產擴充的中心。農業、畜產、林業、鑛業等部門,皆為工業化,為供給原料,為整備交通設施的需要而存在。在戰爭階段中,台灣工業的成績實為驚人,不但數量的激增,而且質也有多變革。至一九三九年,台灣工業生產始高於農業生產,據總督府的統計:台灣各種產業中,

工業生產額與農業生產額的對比：一九三七年工業佔四十三・二五％，農業佔四十七・九一％；一九三八年工業四十一・七％，農業四十八・六九％；一九三九年工業四十五・九四％，農業四十四・四九％。由此可知台灣產業的重點，漸由農業方面轉移到工業方面。在質的方面，各種工業中，從前是食料品工業佔最大部門，但後來食料部門逐漸降低，而機械工業、金屬工業、化學工業的比重日益增加。

三、「南進基地化」與「戰場化」的政策

自一九四一年十二月八日太平洋戰爭爆發以後，台灣因地理關係，成為日本南侵的主要根據地。因此一切經濟政策，也完全以對南洋侵略的軍事需要為主眼。

一九四二年七月，第一次召集所謂「東亞經濟懇談會」，參加者有日本國、台灣、朝鮮、中國淪陷區華中、廈門、汕頭、廣州及海南島日方軍官民代表。其主要議題為：

1. 台灣工業之振興方策，
2. 台灣農林業之調查及對南洋農業經略之合作，
3. 「東亞共榮圈」內物資交流及交通整備方策。

該會已由台灣委員會定期召集，每年開一次，企圖以台灣為中心，自南洋各地展開經濟上的侵略。

這個決定以後不久，台灣六大糖廠就組織代表團赴爪哇及菲律賓活動。一九四三年一月，為著促進「東亞共榮圈」內的貿易，先後開設「小型船舶機帆船製造公司」，集中資力建造鋼船和木船，及創設「台灣貿易會」，以統制貿易。日本當時雖然已經佔有南洋各地，但是，在電源、煤及勞動力等方面，

仍以台灣為主要根據地,因此力謀發展台灣的軍事工業,特別注重飛機原料的鋁工業。其他在大甲溪發電工事的開發,新高港的建設,也是基於這種急切的要求。同時為了集中人力物力,同年下半年,更成立「台灣中小工商業再編成協力會」,與台灣總督府合作,實行台灣的「企業整備」。

一九四四年,美國對日本反攻進展以後,中太平洋日本對南洋佔領區的統治開始動搖,於是台灣總督府於八月五日發表「台灣戰場態勢整備要綱」,高喊「戰場化」了。這一新綱領的要點,就在集中人力物力,以充足防衛台灣的力量。除了在政治方面成立「防衛本部」作為台灣戰時最高統治部之外,在經濟方面,則設立「經濟動員本部」,為戰時台灣計劃經濟的最高支配機關,由總督府總務長官任部長,以便適應陸海軍的作戰,而確立台灣人力物力動員的主要方策,並直接付諸實施。

四、征役、苛捐及所謂「台灣人的參政」

在戰爭期間中,日本當局對台灣人民的征役和苛捐,更加嚴酷了。全台灣人民,凡二十歲至四十歲的,無一能避免軍事勞役的征發,多則一年,少則五個月,自一九三七年七七事變至戰爭結束為止,台灣人民被驅至中國及南洋戰場,參加戰鬥的超過三十萬以上,而在台灣島內被動員去開築軍港及其戰備工作,如軍需物資的運輸,挖掘戰車壕、防空洞等,約在百萬以上。

台灣日本當局的壓榨,因戰局的發展,其苛酷可說到了絕頂。不但稅額和稅種增加,並且強迫台灣人民獻金,美其名曰「國防獻金」,又迫台灣人民實行所謂「奉公貯金」,禁止收

藏黃金，凡保有金飾類的人，必須以官定價格賣給國家，違者則加以「非國民」之罪嚴罰，一九三九年台灣總督在日本議會中報告台灣人之「節約運動」在順利進行中，原定之五百萬元目標，早已逾額，台灣人民的國防獻金，已達七百萬元以上，其中萬餘元為高山族所助；台胞更以價值三千萬元的黃金「售給政府」。

但是，台灣人民由於「企業整備」及「經濟統制」，生活日益窮困，全台的民營中小商業，相率停閉，米、雜穀及其他日用品由政府作變相的官賣，並限制食糧，每人每日不得超過四兩。

由於這種日本統治者的暴政及太平洋戰爭迭遭失敗，台灣民心日益離開，這對於日本統治者是一種極大的危機和苦悶。為了挽回民心以維持其統治，即於一九三五年起實施「自治制改革案」，內容是：州市街庄議員半數民選，半數官選；州市協議會為議決機關，街庄協議會為詢問機關。這樣收買了一部份上層份子。又於一九四四年秋，小磯內閣成立後，倡導所謂「改善朝鮮台灣人民政治待遇案」，結果決定改正貴族院令及眾議院選舉法，推選台鮮人入日本議會，准朝鮮台灣人民參政。

一九四五年四月三日，發表第一次鮮台勅選議員，朝鮮七名、台灣三名。台灣被選的三人，一為台灣總督府評議員簡朗山（改姓名為綠野竹二郎），是日本領台以後，一直協助日人壓榨台灣人民的代表人物，是數十年來老牌的親日台奸；其餘則為「老狐狸」的林獻堂及台灣實業界的巨子許丙。林一向是以進步的姿態，欺騙台灣人民，出賣台灣人民，為的是以台灣人民為腳踏板，向日本人爭取政治上的權勢和經濟上的利權。他政治野心極大，所以他到目前為止，已變了四五次，由「同

化會」轉到「文化協會」,再由「文化協會」轉到「台灣民眾黨」,又由「台灣民眾黨」轉到「台灣自治聯盟」。特別值得注意的是:林在台灣收復當初,曾糾合一班親日的御用紳士勾結日本在台灣的官僚和軍人,陰謀抗拒中國接收台灣的「獨立運動」,但善變的他,卻能逃脫了法網,甚且由日本貴族院議員一變為台灣省政府的委員。許丙是勾結日本軍部,取得各種特權,尚且在日本軍閥保護之下,參加東北的經濟侵略。

所以日本政府的所謂「改善台灣人民的政治待遇」,也不過是舊陰謀的新花樣,是欺騙台灣人民,進行其對台灣人民的壓榨政策而已。

五、抗戰時期的台灣民族運動

自從一九三一年台灣共產黨被日本帝國主義破壞以後,台灣的民族革命運動,就失去了領導中心,而且白色恐怖遍及全島,左派的民眾團體,也都被破壞殆盡。從此,台灣民族革命運動,就一直消沈下去。

但是,正如前所說,因抗戰期間中,日本帝國主義者對台灣人民的壓迫、剝削和奴役,日益加深,台灣人民的反抗事件,層出不窮。不過,由於沒有一個有力政黨的統一領導,他們的個別的沒有組織的抗日運動,都在事前就被日軍當局的秘密警察鎮壓下去,而且許多事件都是日警的小題大作,誇大渲染,擴大宣傳,作為他們屠殺台灣人民的藉口,下記幾個事件都是這些證明:

基隆炸彈案:日本人自「九一八」以後,即在台灣盛唱「台灣是國防的第一線,日本南門的鎖鑰」之說,以應付所謂

「非常時期」。在各州設立「國防議會」，在「政府人民團結」口號下，誘惑人民入會。同時以上述「自治改革案」收服台人上層份子。當時日本海軍元帥，軍令部長伏見宮親王，於海軍大演習之後，與海軍元帥梨本宮親王先後到台灣，鼓勵「國防第一線運動」，視察「自治」情況，及為「台灣國防議會聯合會」舉行成立典禮（一九三四年十月一日）。但前一天，在基隆突然發生炸彈案，炸燬了警察署一部份建築物，炸傷了二人，引起全市的恐慌。台灣的日本當局，以為這個事件是台灣人陰謀暗殺上記兩親王，反抗日本在台灣的國防建設，而動員了全島的警察，搜捕他們認為所謂「不穩份子」，搜捕達一月，許多無辜人民，遭到殘酷的迫害。

眾友會叛亂案：一九三四年間，曾發生過「眾友會」的「陰謀武裝叛亂」案件。其經過情形是這樣的：蔡淑悔（一九三六年時三十六歲）於一九二七年畢業北京大學後，在國內參加過抗日運動，一九二九年回台，在他的故鄉台中縣大甲區清水鎮，與曾宗、陳發森、陳家魁等，組織「眾友會」，募集會員，訓練「國術」（所謂拳頭）作為武力抗日的基礎。陳發森、陳家魁等是華僑，頗懂國術，是所謂「江湖」的志士，被蔡淑悔等所聘，在「眾友會」教導國術。但由於蔡氏是由祖國回台的智識份子，民族意識強烈，常常與該地的日警口角，成為了日警的眼中釘。至一九三四年，這個組織被當局發覺，於是年九月間大事搜捕，以為全島學習「國術」的人都與這個團體有關，遂下令全島警察機關，逮捕所有的國術教導員及學習者，結果全島被逮捕者達四百二十五名之多。這一案件直至一九三六年六月三十日及十月十日兩次，以謀武裝叛亂擾亂治安罪，提起公訴。在受審的兩年間，這些被捕者都受了慘

絕人寰的酷刑，以致許多人在獄中病死，或成了廢人。從此以後，台灣當局就下令禁止台人學習所謂「中國拳頭」。

東港事件：日軍攻陷南京前，即計劃襲擊廣州，但當時的外相宇垣一成考慮對英關係，反對攻廣州的軍事計劃，因此日軍大本營即急遽命已向廣州進發的軍隊，暫時調往台灣待機，這一支大軍於台灣南部枋寮地方登陸。

由於新聞的封鎖，台灣人民一向對於戰事的發展都毫無所知，所以南部地方的台灣人民，卻誤認日軍的登陸是中國軍的進攻台灣。一言傳出，馬上就傳遍了全島。雖然是謠言，但痛恨日本統治者的台灣人民，就開始動搖，勃勃欲動，到處就發現了台人對日人「不客氣」的現象，引起台灣總督府及一般日人的恐慌。

於是台灣日本當局，就製造了一個震駭日本朝野的「東港事件」。據日方的報告：即於一九四一年前後，「台灣獨立運動」領袖歐清石（澎湖人）、郭國基、吳海水等，鼓動台灣人民起義，以配合中國軍隊的登陸作戰，他們向台灣人民徵募很多資金，已經在澎湖、高雄、東港等地買了許多漁船，預定在東港、枋寮海岸迎接中國軍隊云云。日本當局就藉此開始搜捕所有的「不協力份子」，時達一年多，結果逮捕了一千多人。東港、高雄、澎湖方面的漁夫，尤其是東港的一般人民無不受到慘無人道的拷問和毒打。

經過很久的審訊，歐清石被判死刑，其餘被判無期徒刑、十五年苦役等等，而歐氏竟在獄中被美國飛機炸死，其餘到台灣收復後，才被釋放出來。

瑞芳抗日軍案：太平洋戰爭末期，日軍的慘敗已無法掩蔽，因此日當局對台人喪失了信心，他們以為台灣人都隨時可

能起來反抗，以配合中國和美國軍隊的作戰，所以對每一個台灣人民的行動，都加以嚴密的監視。那個時候，瑞芳地方煤礦主李建興，因金錢及女人關係，與日本警探發生衝突，日警懷恨，向日本軍部和憲兵隊控告李建興在瑞芳地方招軍買馬，陰謀在台灣建立抗日軍隊，甚至捏造白崇禧、余漢謀給李建興的密信。於是，日本軍部及憲兵隊恐惶萬狀，立即派出大隊，包圍瑞芳的礦山，逮捕李建興一族及礦山全體工人，共五百多人。直至台灣收復時，這個案件尚未審完，但被釋放出來的，祇剩了一百多人，其餘三百多人，都在獄中活活被打死了，家族也領不到屍體。

　　李建興出獄後，曾於一九四五年末，在瑞芳鎮（當時他已做了該鎮鎮長）開了一個悲壯的「追悼會」，全島各界人士都有參加，因東港事件曾被日寇關了數年的郭國基也出席，發表激烈的演說，提議組織「對日報復會」，向尚在台灣的日本官吏和軍人，進行復仇行動，但由省政府官員勸止。

　　蘇澳間諜案：開羅會議以後，一個時期美軍曾計劃登陸台灣的作戰，因此，美國的潛水艦常出沒於台灣近海。據傳：一九四四年某月某日，蘇澳港附近，浮起了兩艘美國潛水艦，當時在近海捕魚的漁夫們，被這雙怪物嚇倒了。但是，美艦的水夫卻用口語向台人的漁夫說：「我們是美國的潛水艦，來台灣近海探日軍的防備情況，不久就會配合中國軍隊登陸台灣，趕走日軍，解放你們台灣人的，請你們把我們引到陸上，看一看，我們就走了。」對於美國兵這種要求，漁夫們半喜半憂，喜的是台灣不久就會解放了；憂的是如果這個事情給日本當局知道，他們一定要遭殃。一時他們又怕如果拒絕了美國人的要求，亦必定要遇害，在進退兩難的時候，他們不得已把兩個

美國人帶上了陸上,之後又把他們送回潛水艦。不幸這個事情終於為日軍的偵探所知,招來了一個慘絕人寰的「蘇澳間諜案」。

日軍情報機關接到消息後,立即派大批軍警拘捕了那兩個漁夫,並搜出一疋美國人贈送的洋布和兩包美國煙,由於有這些證據,日本當局認為蘇澳所有的漁夫都是中國或美國的間諜,共捕了七十多名。當然這個消息,蘇澳地方的人民不敢傳出,恐有後患,所以無人知道,直至台灣收復後,一切政治犯被釋放出來的時候,這些人的家族始向省府當局陳情,要求釋放。此時,台灣人民始知道有這樣的「冤獄事件」。但是調查結果,這七十多人皆被慘殺,無一幸免。

這不過是後來的傳說,誰都不知道這案件的真相,因為,被捕者沒有一人生存,日方又未曾公布過任何公報,有關這案件的警局的「調查書」也被毀沒了,這個案件已成了「無頭公案」。

六、台胞在國內的抗日運動

由於在台灣島內,日寇的壓迫非常厲害,白色恐怖遍及全島,抗日運動非常困難,許多抗日份子都祕密返國參加抗日戰爭,和協力反抗日本帝國主義的各種鬥爭。

台人在國內的抗日運動,可以分為兩種:一種是由國民黨領導(?),另一種是由中共領導。因為台灣人民痛恨日寇之餘,祇要反日,其餘都不大計較,這種台灣人民的愛國家愛民族的精神,竟為國民黨所利用,所以在蔣管區,也曾成立了各種抗日團體,如:國民黨台灣黨部、台灣義勇隊、抗日復土總

聯盟會、中華台灣革命黨、中華台灣革命大同盟,後來這些團體在重慶聯合,成立「台灣革命同盟會」。他們在抗戰中,也盡了台胞對祖國應盡的義務,對於抗日戰爭有了相當的貢獻。不過,因為一些幹部在國民黨內外滾來滾去,終於學習了與國民黨的傢伙同樣的惡作風,祇顧自己的昇官發財,不顧到國家民族的利益,所以在「台灣革命同盟會」成立當時,就已互相攻訐,四分五裂,以致祇有其名而無其實,台灣收復前就無形中消滅了。台灣收復後,這些跟國民黨的自稱革命家的人們,就跟陳儀返到台灣,各自也分到了一官半職,勾結陳儀這一班貪官污吏,劫收台灣的敵產,壓榨台灣人民的膏血。「二二八民變」時,又幫國民黨的兇,屠殺台灣人民,成為台灣人民的敵人。他們現在被台灣人民稱為「半山」,恐怕不久的將來就將變成「台奸」了。

但是,一方面,參加中共,真正為了國家民族、為了反帝、反封建、反官僚資本,以完成中國民主革命而奮鬥的台灣同胞,也不乏其人。一九三一年台灣共產黨被日本帝國主義破壞了以後,一部份台共黨員,跑回祖國,參加中共。又在國內的台灣青年之中,參加新四軍及八路軍,與日軍作戰過的也不少。

台灣收復後,他們返回台灣,正在各地導領台灣人民,為著反對蔣政權的統治和反對美帝的侵略而奮鬥,以期實現台灣最後的解放。

第九章
收復後的台灣

一、開羅會議與收復台灣的準備

一九四三年十一月下旬,蔣介石赴開羅,參加中英美三頭會議,一連五天。據聯合公報,其主要的結果之一是:「三大聯盟國作戰目的,在於制止及懲罰日本的侵略。三國決不為自己圖利,亦無擴展領土的企圖。三國共同作戰的目的,均在剝奪日本自從一九一四年第一次大戰開始後,在太平洋上所奪得或佔領之一切島嶼,或日本竊取於中國之領土,例如東北四省、台灣、澎湖羣島等歸還中國」。

一九四五年七月二十日,中蘇英美四國,又聯合發表「波茨坦宣言」,確定日本領土的範圍,並重申開羅會議之宣言必須實施。

同年八月十五日,日本於沖繩島慘敗後,終於向同盟國屈膝,日皇也正式聲請停戰,作無條件投降。

自從開羅宣言發表以後,蔣政府就預料收復台灣之期,已不在遠,於「中央設計局」內設立「台灣調查委員會」,從事台灣實際情況的調查。並派陳儀為主任委員,沈茲九、王芃生、錢宗起、夏濤聲、周一鶚、丘念台、謝南光等為委員,作為收復台灣的初步準備。

一九四四年四月十七日,該委員會正式成立,它的重要工作,據該委員會的發表,是:草擬接管計劃、確立具體綱領、翻譯台灣法令,藉為改革根據;研究具體問題,俾獲合理的解決。其他,對於台灣軍事、政治、經濟、教育、文化、習慣等等的研究,接管程序及其實施辦法的擬定,各級接管人員的選定,台灣行政經濟幹部人員的訓練,也均在這一時期舉辦,例如:中央訓練團舉辦台灣行政幹部訓練班,及四聯總署

辦理銀行幹部訓練組，渝閩兩地舉辦警察幹部訓練班等，計自一九四四年十月至一九四五年九月，養成工作人員不下千餘人。

一九四五年十月五日，長官公署秘書長葛敬恩先到台灣，成立「前進指揮所」，準備接收工作。同年十月廿四日，陳儀始到台，翌日舉行受降典禮，接受日軍的投降，之後，全省的接收工作始告開始。是日起，台省全境的領土主權及人民，即復歸中國統治。

二、抗拒接收的「台灣獨立事件」

但是，蔣政府正忙於接收台灣的當中，竟發生了抗拒接收的「台灣獨立事件」，一九四五年八月十五日日本投降至同年十月廿五日「台灣行政長官公署」正式成立的期間中，由忠於日本帝國主義的台灣大地主、財閥、官僚發起一種反抗中國接管台灣的「獨立運動」。這個運動雖然在其醞釀中，就被中國的軍憲所探悉，以致一網打盡，無形中消滅了。但是，當蔣政府將要接收台灣，一切準備尚未就緒的時候，這個陰謀對蔣政府確是一個很大的威脅。因為這個陰謀是在台日軍所計劃的。

據熟悉這個陰謀內幕的人透露：當時台灣的日軍（包括陸海空軍）約有四十萬，因未曾經過戰鬥的消耗，保有精良完善的裝備和豐富的糧食，這些軍隊，在日皇宣佈投降之後，分為兩派：一派是主張抗拒天皇的命令，阻止中國政府的接收，而與中美登陸軍進行最後的決戰，戰到最後一人為止。另一派是主張遵守天皇的命令，靜待中國方面的接收和處置，不作任何反抗。這兩派的對立，非常激烈。在這之間，「主戰派」一方面拼命隱藏武器和物資，破壞軍事設施，同時在台灣士紳（主

要的是大地主、資本家、官僚）之間煽動獨立運動。主要人物是林獻堂（日本貴族院議員，大地主）、辜振甫（台灣皇民奉公會實踐部長，財閥）、徐坤泉（日本憲兵團特務）、許丙（日本貴族院議員，財閥）等三十餘人。

台灣總督安藤，被這兩派迫得必須抉擇的時候，他決心「主和」，而發出命令制止「主戰派」的蠢動，禁止台人的「獨立運動」。這樣，日本在台灣企圖最後的反抗和台灣反動份子的「獨立運動」的陰謀被消滅了，使蔣府安全的渡過了這個難關。

後來，這些主要人物，除了林獻堂以外，（因為林在草山會議時沒有簽過名，能夠逃脫了法網），皆被台灣警備司令部逮捕，由軍法處審訊兩年多，判決辜振甫有期徒刑二年，其餘無罪釋放。

對這個運動，台灣人民始終沒有絲毫的同情，因為：第一，這個運動是日本軍人和過去幫助日人壓迫台灣人民反動份子所發動的；第二，當時台灣人民因不知道蔣政府為何物，正在熱烈地歡迎祖國的官吏和軍隊。

這事件雖然不甚被中外輿論界所注意，但台灣人勾結日本軍，首次反抗中國，這在蔣介石的台灣統治史上，是值得記載的一頁。

三、蔣政府的「劫收」

原來蔣政府設立「台灣調查委員會」及訓練接管的幹部人員的用意，是為了調查台灣的敵產及台灣的財富，選定忠於四大家族的貪官污吏，以便「劫收」，並不是為了「藉為改革」

或「俾獲合理的解決」。

　　蔣介石的代理人陳儀帶了一批貪污官吏、特務警察、黨團光棍、丘八強盜，去搶劫台灣人民。這一批人到了台灣，就以征服者的姿態歧視台灣人民，把台灣人民當做「亡國奴」看待，並且把日本人仍舊放在台灣人頭上，在社會上的地位，台灣人民還是如日本人統治時代一樣屈居於末等。對於「接管工作」，這一批「接收大員」，與日本官吏勾勾搭搭，而台灣人民不得過問。因此，接收一開始就惹起了台灣人民普遍的不滿。但是，陳儀卻無恥地聲明：「日本統治時代，上自總督府下至州廳市街庄的行政工作人員，多數均為日人，本省人佔極少數，且任中級以上者尤少，高級官吏則無一人。在接收工作進行中，對於這種情形，誠為一大困難。當局為保持行政不中斷之原則，未有相當數量及相當資歷之人員可以接替以前，對於原任多數日人，自難遽予全部辭退，故不得不暫時遷就事實。其主要原因：自內地來台的接收人員為數不敷分配；本省一般知識分子，多未參加行政工作，但中級以上的人員，又非具有相當熟練的行政經驗與技能者不可，因此一時均未便任用，在接收過程中，不得不留用日人」。

　　但這是詭辯，最大的理由是他們害怕台灣人民知道他們「劫收」的秘密，以致阻礙他們的掠奪工作的順利進行。

　　他們在「接收敵產」的名義下，把台灣所有的金融機關及官營和日人私營的各種產業吞沒下去，這些產業佔台灣全部產業的八十％以上，都是過去日人從台灣人民手裏奪去的東西，現在一變而成為四大家族的私產。

　　蔣政權在台灣成了獨一無二的大資本家，同時又是唯一的大地主。陳儀把過去的所謂「公有地」及日人的「私有地」全

部接收下來,總數達全省土地面積的七十％以上,這些土地都是日本統治者從台灣人民手中強奪過去的,蔣政府並不還給人民,只是變成自己的私產,繼續日本統治者去榨取台灣農民。此外還接收了全台各縣市百分之三十的房產,以營利為目的高價租給人民。(最近這些房屋都以很高的價格,賣給自京滬逃難台灣的資本家及有錢的台灣人。)

至於所劫收的物資、武器、工具器材,是無法計算的。單就台灣警備司令部所接收的軍用品來看,主要火炮如戰車防禦砲、山砲、野砲、高射砲、迫擊砲等有一千三百六十八門;主要武器如手槍、步騎槍、輕機槍、重機槍等十三萬三千四百二十三支;各種彈藥六千八百五十二萬餘顆;五十四萬件軍服;二百三十一萬七千餘噸糧秣;二千多輛裝甲戰車及卡車;五百二十五艘船隻;九百架海陸軍飛機,六十五個機場(據台灣警備司令部的公報)。這些都成了蔣政權打內戰的資本。

在接收過程中,發生了無數的貪污舞弊案,大官大貪,小官小貪,無一不貪。蔣政府在台灣的貪污,確是國民黨貪污的「集大成」。首先陳儀和葛敬恩就勾結美軍官艾文思吞沒了六十公斤的黃金,惹出了所謂「台灣黃金案」(詳下節)。台北縣長陸桂祥吞沒了一億多元台幣的公款,專賣局和貿易局兩局長,各吞沒接收物資數千萬元。最有趣的是專賣局報銷了七十公斤鴉片的理由,說是給白蟻吃掉了,提出了科學界及醫學界的論爭和試驗。結果白蟻不會吃鴉片,證明了是人吞下去的。因此,專賣局長被扣留受審,但後來卻沒有下文。其他,還有宣傳委員會接收戲院及檢查電影的舞弊案,許多戲院經營者向清查團長劉文島控告宣傳委員會主任夏濤聲(青年黨中

委）及新生報社長李萬居（台灣電影戲劇有限公司董事長），劉文島聲稱要徹底調查並希望關係者再提出詳細證據和資料，但後來關係者都受到夏濤聲和李萬居的威脅，也就不得不「不了了之」。

四、侵吞台灣黃金案

這個案件不但是蔣政府官僚在接收台灣時的「集團舞弊」，現在還是中美兩國的懸案，而且與日本戰犯前台灣總督安藤利吉在上海戰犯監獄自殺有關，所以有特別記述的必要。

一九四八年九月十二日，中央社台北分社的電訊稱：「台灣光復時，隨同國軍進駐台灣之美籍軍官艾文思中校侵吞台灣黃金巨案，雖經美國法院公審兩次，嗣由美國司法部撤回訴訟，現已成為中美兩國之懸案。」此案自發生至此時為止，已將近三年，而其下文卻是：「由美國司法部撤回訴訟。」據中央社稱：此案是「於民國三十五年，由中美兩方人員偵查確實後，由美司法部提起公訴」的，既然由中美兩方人員偵查確實後，由美司法部提起公訴，為何美司法部又撤回訴訟呢？留心一下，就可以知道此案的複雜性。據熟悉此案內幕的人透露，此案的始末如下：

一九四五年十月初，「台灣前進指揮所」以葛敬恩為主任進駐台灣，美軍為了幫助中國方面的接收，也隨同進駐，艾文思是此時到台的。「台灣行政長官公署」未成立以前，台灣的政治及一切接收事宜，都由「前進指揮所」主任葛敬恩一人發號施令。台灣總督安藤利吉率領一班文武官員，「晉謁」葛敬恩之後，組織「日本第十方面軍連絡本部」及「日僑管理委員

會」，以安藤為連絡官，葛敬恩自己任「日僑管理委員會」主任。由此開始接收了，在開始接收之前，安藤曾向葛敬恩提出「嘆願」（即呈文）。據傳，這「嘆願」內容是：（一）除了軍隊以外，在台所有日人不遣送，使其留台，（二）製糖廠技術人員及工人，全部雇用日人，糖廠農場也由日人耕作，一來可以維持生活，二來可以與中國政府合作建設台灣。據說，葛敬恩答應可以考慮，但須候陳儀到任之後才能作最後決定。台灣日人官吏中，不乏所謂「支那通」，熟悉中國官吏之貪污習性，於是對葛敬恩及有關官僚，大量行賄，不但黃金台幣，而且許多日本姑娘或已失了丈夫的太太，都成了送給中國接收大員的禮物。

　　葛敬恩這一班傢伙，在大批黃金鈔票美人之前，就昏了頭腦，對安藤的「嘆願」也就隨便答應，不但同意留用日人，甚至答應在台灣不檢舉戰犯，所謂黃金一百二十公斤，是安藤親手送給葛敬恩的。其他還得到台幣若干億。但是這些黃金放在原田大佐（安藤最親信的部下）的家裏時，已被美籍軍人艾文思中校所獲悉，原田害怕事發，把情形報告安藤，安藤再向葛敬恩說知此事。葛敬恩卻泰然自若，對安藤說：「你放心，一切都在鄙人身上。」後來葛敬恩如何處理這個問題，無人知道（當然安藤、原田也不知道），但艾文思的吉普車曾在晚間駛入葛公館大門內兩三次，這是有人看見過的。

　　此案的被揭發，是在台灣檢舉安藤及一批日本軍官為戰犯以後。一九四六年七月，不管葛敬恩及陳儀對安藤有何種諾言，盟軍總部及南京政府決定：除非特殊技術者，把在台所有日人遣送回國，並且指定安藤等一批在台日人軍官為戰犯，加以拘捕。於是，對於葛敬恩及陳儀的食言，一般日人尤其是少

壯軍人，憤不可遏，企圖起事，幸而由聰明的連絡官鹽見俊二勸止了。

但是，熟悉「黃金案」的某日人，竟向美軍控告此事。因為案件的主犯是台灣最高當局的主腦者，在台灣是無法解決的，這樣，此案就移到南京去了。

不久，同年八月，葛敬恩突被召赴京，但公署只發表：「葛秘書長晉京述職」。做賊心虛，此時葛敬恩已經提心吊膽，以為事發了，並且猜疑是安藤被捕後供出來的。直至到京後，始知是美軍方面的控告。他在老蔣面前，堅定說並沒有此事，並且請求派人調查。其時台灣曾一度登載葛敬恩在京被拘的消息，但實際上，葛敬恩並沒有被拘。他回到了上海，在上海逗留很久，不知所幹何事。不過，奇怪得很，恰巧葛在上海期間，日本戰犯安藤利吉，忽在上海戰犯監獄服毒自殺。

經過了一段時期，台灣長官公署宣傳委員會就發表：「美籍軍官艾文思中校，於民國三十四年十月侵吞前台灣總督府保存黃金六十公斤，由公署查實後，已報告中央，中央亦已通知美國政府，要求嚴辦」云云。

事件是有關美國人的面子問題，所以美國政府亦不得不「依法」起訴，但經過了兩次的公審，結果亦不得不「依法」撤回訴訟！

關於安藤的自殺，不但在台日人，就是台灣人也都疑心與「黃金案」有關。安藤死後，在台日人最高負責人鹽見俊二也曾經說過：安藤之死，不但使「黃金案」的證據湮沒，並且對於在台日人財產清理問題，也將失去了爭辯的根據。鹽見悔恨地說：「安藤及我們一班日本幹部，起初都是只為了在台日人利益和方便著想，而沒有照顧到全體日本國家的利益，所以在

中國方面接收時,一切都是隨中國接收大員之意;製造清冊時,要記載就記載,不要記載就不記載,要記多少就記多少。我們這樣做,是相信陳儀、葛敬恩會實現答應我們的諾言。但是,情形變了,不但日人一批批被遣送回國,並且戰犯的檢舉也將開始,於是安藤即命我們趕製不折不扣的清冊,以備應將來之變。但我們的一切努力都歸於泡影,許多日人被拘時,這本清冊正本抄本均被查出,被拿走了。唯一的證據只剩下了安藤一人,在這種情形之下,你想安藤是怎樣死的?一句話,貪污手段之妙,消滅異己之毒,我們是不及國民黨官僚百倍!」

我們不必同情日人,因為他們「咎由自作」,但從這些日人的話裏,我們可以看出,國民黨官僚在接收台灣時的集團舞弊,壞到什麼程度。

陳儀是否也牽連在「黃金案」裏面,卻很少材料可以證實,但有一個消息值得注意:二二八民變後,陳儀垮台,回到上海,在橫濱橋附近居住,有一天,陳儀的私人秘書對某著名文化人(此人與陳儀的交誼很深)說:「一切都是葛敬恩搞壞的,陳氏險些兒就被那件『黃金』打垮了,幸而三十公斤黃金尚未運走!」

五、獨裁專制的標本「台灣行政長官公署」

陳儀於蔣府任命他為行政長官之後,向新聞記者發表台灣施政方針說:「今後台灣省的政治方針,必須遵照國父遺教,徹底實行三民主義,使台胞脫離日本迫榨下不平等不自由的痛苦,得到富強康樂的生活」云云。但是事實上,蔣政府統治台灣的方針,完全是承繼日本帝國主義的獨裁政制,其最顯明的

表現是「台灣行政長官公署」的設立。行政長官的權限不但是與過去台灣總督一樣，獨攬立法、行政、司法三權，甚且撐握了台灣的軍權，行政長官兼台灣警備總司令。依照蔣政府公佈之台灣行政長官公署組織條例，「台灣行政長官公署，於其職權範圍內，得發布署令，並制定台灣的單行法令」。這完全和過去日本的「六三法」賦予台灣總督絕對權力沒有兩樣，是賦予行政長官絕對權力來統治台灣人民的；是帝國主義對殖民地、對弱小民族、對敵人的統治形式。

　　台灣行政長官公署組織規模非常龐大，行政長官之外，置「祕書長」一人，輔佐長官處理政務，秘書長下面設「機要室」和「人事室」，機要室是公署的「特務情報機關」。另外有參事室、參議室和顧問室，可以說是長官的「智囊團」，雖然是因人而設，但是參事、參議、顧問之中，卻有能夠左右陳儀的有力者：如沈仲九、李澤一等是陳儀的最高顧問，許多問題都待他們的意見，陳儀始敢下最後的決定。

　　公署下面設秘書、民政、教育、財政、農林、工礦、交通、警務、會計等九處，法制、宣傳、設計考核、經濟四委員會，糧食、專賣、貿易三局，圖書、博物兩館。各處下面又設許多科室，而這些處、科、室或局，雖然在長官和祕書長監督之下，但各自獨立，互相排擠，甚至為了分贓，時常互相攻擊。一時台灣流行著「五子」的說法：就是條子、房子、車子、金子、女子。為了爭奪這「五子」，不知多少處長、局長、科長互相翻臉，甚至結黨成派演出全武行，以致整個公署鬧成一團糟，而貽笑於奉公守法、慣於尊敬官長的台灣老百姓面前。

　　台灣人民自始就反對這種獨裁的行政機構，痛恨這種禽

獸都不如的大小官員,隨著蔣政府官吏的無能和貪污舞弊的增加,台灣人民的反對蔣政權的情緒日益滋長,終於發展到一九四七年的「二二八民變」。這次民變一開始就要求「撤廢行政長官公署制度」,要求省長的民選和成立省政府。

　　陳儀為了緩和台灣人民的反抗,在民變中答應改組「長官公署」為「省政府」,又公約台灣人民,將起用台灣人士為省政府委員。民變中陳儀垮台後「中央」確實也實行過台灣行政機構的「改革」,成立「台灣省政府」,任魏道明為主席,起用若干忠於國民黨的御用紳士為省政府委員,及任用一些曾在國內做過國民黨官的台人為副廳長或副處長。又因這一次民變的導火線是專賣局,在民變中,台灣人民攻擊專賣、貿易兩局非常厲害,所以省政府對這兩局也加以改組,把專賣局改為「公賣局」,把貿易局改為「物資調節委員會」。

　　對於這種換湯不換藥,改其名而存其實的改革,台灣人民是不能滿意的,事實證明一切,行政機構改革後,蔣政府還是繼續其貪婪無厭的剝削,台灣的政治還是漆一樣的黑暗。

六、蔣政權怎樣統治台灣?

　　劫收台灣之後,蔣政權對台灣的統治,不但完全承襲了日本帝國主義的衣缽,並且加上許多封建的作風。他們把日本統治台灣的各種惡法及壓迫台灣人民的各種制度,都一切接收過來。日治時代,立法、行政、司法三權都集在總督一人手中,而收復後即集於長官一人手裏。總督府的「評議會」變為「省參議會」,州市「協議會」變為縣市「參議會」,如此而已。省、縣、市參議會都不是議決機關,只是省、縣、市政府的諮

詢機關，對於政治沒有絲毫的拘束力。日本統治台灣最有力的工具保甲制度，不但沒有把它撤廢，反而加強，改為「里鄰制度」，而美其名曰「自治」，甚且恢復了在收復前實際上已不存在了的「連座制度」。

蔣政權在台灣的統治，與國內一樣，完全建立在「特務組織」上面。除了軍隊、憲兵、警察直接壓迫台灣人民之外，他們還有許多系統的特務組織，如警備總司令部的「特務營」、第二處、調查室等，都是「軍統」的組織系統，至於國民黨省黨部及三青團的整個組織，都是特務機關。上自省政府下至鄉鎮公所各級行政機關，各級人民團體，各級學校，都佈置了他們的特務份子。不但如此，他們又留用了從前的台人日本特務人員，如憲兵的爪牙，或所謂「特高」的警察，甚至收買了許多台灣流氓，組織「行動隊」，進行威脅、勒索、抓人、暗殺等等，這些就是他們特務份子的「特殊任務」。蔣管區特有的「集中營」也搬到台灣來，在台北設立「勞働訓練營」（略稱「勞働營」），在台東設立「游民習藝所」。批評政府，談論政治，攻擊貪官污吏的人們，都被集中在這些「營」裏，施以再教育，因為他們是「游民」，不想勞動，關心政治，又中了日本教育的餘毒很深，放在社會裏，會防害社會的安寧秩序。

台灣的蔣政府不准台灣人民有自己的「人民團體」。陳儀到台首先就宣佈「人民團體組織臨時辦法」，把從前所有的人民團體一律加以解散或改組。以後人民如要組織人民團體，就必須先向民政處和國民黨省黨部聲請，由民政處和省黨部派人領導組織，否則就不能得到許可。因為除了省政府或省黨部派人去組織的以外，政府不能承認為「人民團體」。

台灣的文化水準雖然不高，但非常普遍，識字的人很多，

看報紙的人佔全體人口的百分之六十以上。因此，陳儀對於台灣的言論很注意。台灣人大部份都懂日文日語，所以陳儀第一著，就禁止報章雜誌使用日文，第二就是控制紙張，來限制言論，打擊民間新聞事業，使政府的惡政和官僚資本的掠奪行為無法揭露出來。自從收復之日起至「二二八民變」結束為止，台灣的報紙雜誌被封閉的，竟達十二家。進步的新聞記者常被監視、遭逮捕、或被趕走。

台灣的經濟，在強盜式的劫收和特務統治之下，已變成了四大家族的私產。台灣人民的遭受榨取，甚至比日治時代還要加重。例如：捐稅一項就比過去高到三十倍乃至八十倍。對於糧食，則一樣的徵實、徵購，而且還把「聯總」運去的廿萬噸肥料，也去向農民調換米糧。台灣原是日本的米倉，半世紀來從未有過糧荒，但經過蔣政府以各種方法搜括的結果，台灣也鬧起糧荒來了。收復前米價二元台幣一斤，收復後一跳就跳到十四元一斤，「二二八」前漲至四十元一斤，現在（十二月底）已經跳到八百元一斤，但有行無市，各城市曾發生過無數次搶購，甚至發展到搶米潮。

過去日本剝削台灣人民最厲害的專賣制度，陳儀也接收過來，把台灣的特產樟腦、鹽、煙草、火柴、酒統制起來，不許人民經營，任憑蔣政府的榨取。另外設立貿易局，統制省外的貿易，所進出口的生意，人民不能經營，由蔣政府一手包辦盈利，台灣人民連經營商業的自由也被剝得一乾二淨。

這樣，台灣人民所處的經濟壓迫是比政治上的不自由更為深刻普遍，人民的經濟生活已面臨窒息的邊緣。

蔣政權對台灣人民的經濟掠奪的殘酷手段，我們可以由下記幾項事實看得出來：

首先就物價方面來看：政府所掌握物資的漲價比民間物資的漲價高得多，譬如，民間物資米、煤，自從台灣收復以後一年間，漲四百二十倍和四百三十倍，但是政府物資的糖漲七百九十倍，鹽漲一千六百倍，水泥漲二千五百七十倍，火柴漲一千倍，將民間的物資用政治權力抑壓至其不足於生產費的界限，以便政府低價搜購，其掠奪手段如何殘酷，如何貪婪，由此亦可以明白。

其次，再就鹽、糖、煤、米四項大宗物資來看：台灣收復後，蔣政府將台灣糖公司向日人接收的十五萬噸的白糖無償的搬出台灣，致使台糖公司缺乏再生產的資本。因此台糖公司的復興款項及其生產資金，可以說全靠台灣銀行的放款，總額超過四十億元台幣。台灣銀行的錢哪裏來的？完全是靠發行紙幣，發行紙幣是等於以紙幣掠奪民有物資，搶劫人民的財產。「二二八」民變以前，台灣的糖價零售每斤一百七十元台幣，而上海的價格卻每台斤只售台幣一百三十元（運費在內）。台灣一年的砂糖消費量約七萬噸，以上海糖價與台灣糖價的差額每台斤四十元台幣，乘以七萬噸，台灣人民祇砂糖一項就被掠奪達四十四億八千萬元台幣。此外，台糖尚有其本來的利潤，合算起來，掠奪台灣人民財產之鉅，實無從估計。

至於煤炭，台灣礦主售與蔣記石炭調整委員會，每噸是台幣五千五百元，上海每噸暗盤是蔣幣四百五十萬元，合台幣是五萬元（二二八民變前後），每月搬往國內的煤炭平均五萬噸，年計六十萬噸。扣除運費，上海與台灣市價的差額，每噸四萬二千元台幣，乘以六十萬噸，蔣政權一年祇台煤一項，就可得二百五十二億元台幣的巨利。台煤的生產費，因物價日漲，成本漸加，而售價被政府釘死，目前虧本甚巨，故台灣的

生產，經過二年後，還未達到收復前的水準。由此可以明白蔣政權的存在怎樣桎梏著台灣的生產力了。

政府由鹽戶收購的食鹽，每噸是一萬一千元台幣，售出每噸是七萬六千元台幣（輸日的鹽售價還不止此），其差額每噸是六萬五千元。台鹽一九四七年的生產量，據鹽務局的公報，是二十萬噸。那麼，祇鹽一項，政府也得劫收一百三十億元台幣的巨利。

一九四七年台灣的產米總量是一千三百十五萬三千公石，以徵糧、徵購餘糧的強制征收方式，政府控制全生產量的百分之七十，即九百十萬公石。政府收購官價每公石是二萬六千元台幣，而市價是五萬六千元。市價與官價的差額，每公石三萬元，乘以九百十萬公石，台灣農民的損失總額，達二百七十三億元。

通計上記四項大宗物資，蔣政權經其台灣的政權，在一年間，由台灣劫去達七百億元台幣的物資。其他還有木材、樟腦、茶、碱、金等的收益，及以結匯的方式剝奪貿易業者的海外收益尚不在內。

七、收復後的台灣羣眾運動

日本帝國主義的投降和台灣的歸還中國，對於日帝的幫凶台灣的御用紳士，確是很大的打擊。他們懼怕中國政府接管台灣之後，會受到嚴重的處罰，因此他們也就搖身一變，好像忘記了從前他們時常高呼「天皇陛下萬歲」和拚命地推行「皇民化運動」，而大談「民族精神」和「三民主義」起來。有的竟自稱他們是「文化協會」和「農民組合」的抗日份子，是民族

革命的志士。國民黨官和國軍尚未到台以前,這些御用紳士們就在各地組織什麼「歡迎新政府籌備會」,向一般人民捐款,甚至威脅人民說「不出錢來歡迎新政府的人,必將被認為幫助日本侵略中國的親日份子,會受到處罰」。這樣他們勒索人民的錢,在各大小城市建立起堂皇的「歡迎門」滿街點燈結彩,大宴蔣府的大小官吏和軍人。

對於御用紳士們這種卑鄙的行為,台灣人民,尤其是青年學生,極為憤慨,提出「御用紳士退場反省」的口號。這時期,過去日治時代的台人官吏及地方的惡霸,尤其是各地的所謂「經濟警察」,被人民痛打的很多。因此過去的反動人物一時好像偃旗息鼓,不敢抬頭,而新生的朝氣瀰漫了全島。

不知道蔣介石式的法西斯統治的台灣人民,當初都以為台灣真正解放了,政治運動可以自由了,於是各地成立了許多大大小小的團體,如「三民主義研究會」、「治安協助會」、「新生活促進會」,甚且誤認「三青團」為真正三民主義的青年組織,而許多青年都加入了它。

他們的目標是模糊地標榜:協助新台灣的建設,促進台灣地方自治的實現,擔負起過渡時期地方治安的維持,三民主義的研究和對一般羣眾的民主思想的啟蒙教育等等。

這些羣眾運動,從表面上看起來,當然是無可厚非的,可是這些團體的領導者之中,多抱有政治野心,把這些運動作為日後的政治資本;或利用混亂的過渡時期,爭取各種利權;甚至其中也有藉口維持治安,控制警察機關,濫用警察權力,向日治時代勾結日軍的御用商人勒索;或藉公報私等等,應有盡有。

但是,也有不少真正出於愛國、愛民族的熱忱,努力普及

國語,和展開政治教育的活動。

在這許多羣眾組織如雨後春筍般地紛紛出現的當中,帶有全省性及對於收復後的民主運動較有意義的團體,有「人民協會」、「農民協會」、「學生聯盟」和「總工會籌備會」。

台灣人民協會:這個團體的構成份子,大部份是日治時代抗日運動的鬥士,曾被日寇關了數年乃至十多年的革命戰士。日寇投降,蔣政權尚未入台的時候,這些革命戰士和各地的進步人士,開過多次會議,討論羣眾的組織方針,和建立「前衛黨」的問題。對於後者,雖然大家認為必要,但因當時和中共尚未取得連絡,故決定建立「黨」的問題,待與中共取得連絡後再作討論,而先對羣眾組織下手。

這些人對於蔣政權的認識,是比較清楚正確的。然而,當時一般羣眾的情緒,充滿著民族解放的歡欣,又因缺乏對蔣政權的認識,大家都希望著它的及早來臨,所以在這種情形之下,即使提出「反蔣」的主張,這不但不會為民眾所接受,而且會受到人民的攻擊。

但是,日本投降後未及一星期,省內各地就發現了「告台灣青年書」的日文傳單。在這傳單中,對蔣政權的統治,有了一句暗示的說明:「假使光復後,大多數人民還未得到政治自由和生活安定,那是沒有意義的,所以大家必須警惕,而趕快團結起來,以自己的力量,來爭取政治和經濟的解放」。然而這種暗示和呼籲,卻未能得到多數人的反應。因為政治思想的落後,一般人都不相信蔣政權的統治會比日本帝國主義的統治更壞。

在這種情勢之下,上述的這些進步份子,經過幾次討論之後,決定組織包括各階層的全省性的羣眾組織,來進行啟蒙運

動。於一九四五年九月廿日,在台中市第一女子中學校,成立「人民協會籌備會」,參加者四十多人。又於九月三十日,該籌備會假台中戲院,舉行「民眾大會」,宣傳組織「人民協會」的目的是為了團結各階層人民,起來爭取民主政權的實現。這個運動得到各地人民的擁護,即於十月五日,在台中大華酒家,正式成立「人民協會」。

該會總部成立後,即發行該會機關報「人民公報」。在短短的期間內,除了對一般臺眾的政治啓蒙工作以外,如救濟日治時代被日警以間諜嫌疑逮捕的省外同胞,提防日軍煽動高山族暴動的宣撫工作,調解一般人民的糾紛等等,做了許多有意義的工作。

不久,各地即紛紛成立該會的支部,其發展甚為迅速。陳儀到台後懼怕台灣人民力量的發展,又因該會的領導者的一部份是日治時代的台共黨員,他就把該會當做「奸黨」,下令憲警加以監視和干涉。

同年十一月十七日,該會台北支部,於台北靜修女子中學校,舉行成立大會,並在永樂戲院召開「民眾大會」。同日,陳儀公佈所謂「人民團體組織臨時辦法」,命令所有的人民團體自即日起停止活動。因「人民協會」不願自動地停止活動,翌年一月十日,當局竟強迫其解散。該會的存在期間雖然很短,但對於台灣人民的政治影響是很大的。因為該會最先公開表示不滿蔣政府,而且促進人民的團結,準備對蔣政權的鬥爭,所以起初對該會的宗旨不甚了解的民眾,直至親自體驗蔣政權的殘酷統治之後,才知道該會組織的正確,而熱烈擁護該會的領導者,向蔣政權不斷的鬥爭。

後來許多事實證明了「人民協會」的活動,準備了其後中

共到台活動的基礎。

　農民協會：「人民協會」成立後,以日治時代的「農民組合」的幹部為中心,再得到「人民協會」幹部的幫助,應各地農民的要求,和繼承昔日農民組合的精神,於一九四五年十月廿日,在台中市成立「農民協會」,到會代表達一百三十多人。各代表情緒激昂,各地農民熱烈支持,使人想起日治時代農民組合的英勇鬥爭。會後另舉行抗日諸先烈的追悼會。參加者大都是昔日的抗日份子──「文協」和「農組」的舊幹部以及台共黨員。當各人起來報告諸先烈的鬥爭經過和遭難犧牲的時候,在座的人們都現出了一種無可形容的悲痛,個個都誓以繼續諸先烈的遺志,為本省的徹底解放而奮鬥。

　其後各地農民即自動地起來組織支部,不上一個月,會員就達到一萬人以上。

　恰好此時,日治時代曾參加過台灣農民運動的侯朝宗由國內回來。他在國內改名為劉啟光,轉向為國民黨的黨徒,甚至成為「軍統」的台灣首魁。他帶了一批特務人員返台工作。他看見「台灣農民協會」帶有左傾的色彩,可能成為中共的活動地盤,就利誘一部份幹部出來做官,陰謀瓦解這個組織,一方面他又威嚇農民說「農民協會」是共產黨的組織,一定會受到政府的干涉,不如趁早改為「農會」,以避免將來必然到來的不幸云云,以破壞農民的團體。

　這樣,農民協會竟被一部份不堅定的機會主義者所欺騙和出賣,以致無形中陷於停頓,後來也被當局解散了。這些事情後來竟造成了台灣農民運動的許多障礙,「二二八」民變時,不能動員農民起來參加,這也是其原因之一。

　台灣學生聯盟:在「光復」的歡喜氣氛當中,台灣的學

生也開始不同觀點、不同立場的各種活動。他們受了「人民協會」和「農民協會」等全省性組織的影響，也覺得有統一學生運動的必要，由台北的學生組織發起，經過幾次的學生幹部會議之後，於一九四五年十月初旬，在台北市中山堂正式成立「台灣學生聯盟」。而原來各校的組織則改為該聯盟的支部。

該聯盟成立後，對國語的普及和三民主義的宣傳，不遺餘力。但是，由於長期受過日本帝國主義的奴隸教育，和對外界的封鎖，一般地說，台灣學生的政治思想比較落後，又因該聯盟的指導者之中，進步份子很少，所以後來一個時期為反動派所乘，接受了「御用紳士」的領導，擁護蔣政權，反對進步思想、排斥進步學生，造成了其後學生運動的許多障礙。

但是，學生是富於正義感的。他們親眼看見蔣政權大小官吏的無能和貪污，專橫暴虐的行為之後，對於蔣政權的幻想，也就如冰塊在熱湯裏溶解般地消滅了。一向擁護蔣政權的學生，已變成了台灣反蔣運動的急先鋒。北平沈崇案發生時，曾在台北舉行過一次「反美」大遊行。「二二八」民變時，全島學生都成了人民武裝的一支最有力的生力軍。

這當然是學生運動領導者正確活動的結果，但是也不可否認「台灣學生聯盟」所造成的基礎和影響。

台灣總工會籌備會：自從一九三一年台灣共產黨被破壞以後，直至一九四五年台灣收復，在這十多年的長時期內，日本帝國主義者都不准台灣有任何的工人組織。台灣的工人階級，也與其他的人民一樣，以為台灣「光復」了，工人已有了團結的自由，和要求改善生活的權利。於是從前的工會會員及進步的工人，於一九四五年十月廿日，集於台中，討論組織「台灣總工會籌備會」。

但是，正在積極籌備的過程中，遇到「人民團體組織臨時辦法」的打擊，以至不能公開活動。幸而因這些人未曾暴露，台灣的工人運動尚未受過重大的破壞，進步的工人和工運領導者，現在還能潛入後來國民黨所組織的工會及各工廠裏面，繼續地下活動，以蓄積將來工人階級的真正革命力量。

第十章
台灣二二八民變

一、「二二八」民變的導火線

　　一九四七年二月廿七日晚上，台灣省專賣局職員在台北查緝私煙小販。他們時常藉「查緝」的名義，來搶奪小販的私煙，所以到處的小販，一聽見「查緝隊」到，就走開逃避。原來台灣有一種國內所沒有的「專賣制度」，除了「專賣局」製造的香煙以外，都不准煙販販賣。由於有這種制度，「查緝私煙」這種強盜行為也就成了「合法」的「職務執行」了。

　　當時有一女販林江邁，一時逃避不及，被查緝員所擒，一切香煙和現款，都悉數被奪一空。該女販一面向查緝員申訴：她是一個寡婦，一家數口，全靠她賣煙過日，些少本錢也是向人家借來的，倘若被沒收了，明天起一家就無法生活，一面雙腳跪地，哀求施恩饒恕。但是查緝員不但不理她，甚且拿起槍桿，把她亂打，打得頭破血流，昏倒在地。

　　附近的民眾看見了這種橫暴行為，忍不住地把查緝員包圍起來，查緝員看了情勢不好，舉槍亂射，又打死了陳文溪一人，而乘機逃脫。民眾見殺人犯逃去，湧至警察局，要求逮捕兇犯。交涉了很久，沒有結果。又到憲兵團交涉，亦無結果，於是羣情激昂，回到肇事地點，把查緝車及車裏的私煙都焚燒了。

　　因為警察局和憲兵團，不理人民三番五次的交涉，民眾的怨恨愈加增加，是夜民眾越集越眾，終於把警察局和憲兵團包圍得鐵桶相似，直到天明，還不願散開。

　　翌日早晨，包圍警察局和憲兵團的民眾，即結隊遊行示威，呼籲商人罷市。大小商行和街頭小販，立即響應，關門閉戶，實行台北全體的罷市，這是台灣史無前例的。

遊行隊伍到達延平路警察所時,為警察鳴槍制止,民眾激憤之餘,衝入警察所,把警員打得半死,並搗毀所內一切用具及玻璃窗,以洩眾恨。羣眾遊行的目的是要往專賣局總局請願懲兇,然而那時總局周圍已佈置了武裝警察,阻止民眾接近,因此民眾怒髮衝天,似洪水一般地奔到「台北分局」,衝入局裏,遇人便打,見物便毀,一瞬間,打死兩名,毆傷四名,局裏所有的存貨——火柴「香煙」酒類和一切器具——桌椅、汽車、單車及現鈔、文房簿冊,都搬出外面,放火焚燒,一時火光沖天,直至翌日還未全熄。憲兵聞訊趕到,但因羣情激昂,無法維持秩序。

　　到此時候,當局還沒有人出面來接受民眾的請願,羣眾最後祇有直接向「長官」陳儀請願。下午各條大馬路,一隊隊的民眾,高舉旗幟,打鑼擂鼓,高呼口號,向長官公署進發,要求懲兇,要求撤銷「專賣局」。但是此時公署周圍也已密佈了武裝部隊,不許民眾接近。那時羣情已經激昂到極點,不怕槍劍,直衝過去,但未到門口,突然由公署樓上,衛兵開槍掃射,當場射死三人,傷三人(後來也死了)。民眾被迫散開,但是人民因人被打死而請願,請願不成又被打死,新仇舊恨一齊爆發,約數十分鐘後,全台北市已變成了一個恐怖世界。人民無分男女老少,大約有一萬多人,站在馬路和路口,遇見外省人便打,因到台灣來的外省人,大部份是貪官污吏或與貪官污吏勾結的惡德商人。暴風雨籠罩著整個台北。馬路上到處都有鮮紅的人血。「打死阿山!」的怒號聲,被打得半死的慘叫聲,交織在馬路上。憲兵警察不敢出動,一切都在憤怒之中。

　　這樣,僅僅是一個「查緝私煙」的小事件,竟演變到空前的全民暴動,成了「二二八民變」的導火線。但這不過是這

次民變的近因,如果沒有其他的根本原因,也可以說是「遠因」,這麼可以立即解決的小事件也決不會發展到武裝鬥爭的「民變」的。

無疑的,這次民變,如前所說,是國民黨反動政府對台灣的政治壓迫和經濟剝削的後果。(參看前面:〈蔣政府的「劫收」〉、〈獨裁專制的標本「台灣行政長官公署」〉、〈蔣政權怎樣統治台灣?〉等篇)。

二、暴動遍及全島

台北方面:因長官公署開槍射殺民眾,情形越趨複雜險惡,學生全部停課,機關團體員工,工廠工人都逃走一空,搗毀焚燒四起,凡與官僚資本有關的商行,無一幸免。此時台北市內各種秩序已經紊亂至極,「打風」越來越猛,到處牆壁都貼滿「打倒陳儀商店專賣局」、「打倒貿易局」、「嚴辦四兇」、「槍決兇犯」、「實施台灣高度自治」、「實施新民主主義」等等的標語。

公署射殺市民之後,市民陸續集於中山公園,開民眾大會,討論鬥爭到底,同時佔領廣播電台,向全島廣播,大意說:「台灣自光復以來,政治黑暗,遍地貪官污吏,陳儀被包可永、嚴家淦、周一鶚、葛敬恩等所包圍,對貪官污吏未曾懲辦一人,以致貪污人員無法無天,呼朋引類,官官相護,且武裝軍警與地方官吏勾結走私,以致米糧外溢,人民無穀為炊,與其餓死,不如起來鬥爭,以求生存」。

由此廣播,台北暴動的消息,頓時傳到全台每一個角落。次日,全島人民皆自動掀起迅速猛烈的鬥爭。積壓一年多的仇

恨，至此乃如火山一般，全面爆發了。

　　是日下午三時，陳儀宣佈戒嚴，動員憲兵、警察、軍隊在馬路上武裝巡邏，到處開槍射殺，宛然開始大巷戰。自從戒嚴以後到晚間，僅在三小時之內，整個台北頓成修羅地獄，時斷時續的槍聲，被射殺人民的慘叫聲，毆打官僚的怒聲，婦孺的啼哭，關門閉戶的聲音，交織一片。

　　同日晚上，公署派警備司令部柯參謀長出來廣播，這是事件發生以來，官方首次的廣播，當然市民無不注意收聽。柯參謀長說：台灣自光復以來，中央是如何關懷台灣，所以特派陳長官來台，陳長官是如何愛惜台灣同胞，陳長官所有的施政方針及其他一切措施都是為了台灣同胞著想，至今台灣的治安都非常安定，產業也已逐漸復興，新台灣的建設已經踏入軌道，不料昨晚因私煙查緝員與煙販間的一些誤會，以致誤傷人命，更因此事引起小數「暴徒」毆打外省同胞及焚毀公家物資，這是非常痛心的事。尤其使他痛心難過的，就是日本人和外國人看見我們兄弟相打，在旁邊拍手稱快。台灣同胞大家想一想，這是不是我們中國的不名譽，是不是台灣同胞的一大恥辱？其次，他報告下午與民眾代表會見的經過，並宣佈長官公署和警備司令部對此事件的處理方針：一、對緝私肇事人犯決依法嚴辦，並嚴令以後不得再有類似事件發生。二、小數「暴徒」因此事而發生「越軌」行動，致危及治安，總司令部已經實施「臨時戒嚴」，藉以保護秩序，一俟恢復平靜，此項戒嚴令即可撤銷。最後他希望市民發揮過去的守法精神，遵守秩序，信賴政府，靜待合理的解決。

　　聽了柯遠芬這一場官話，民眾無不失望，因為柯遠芬對於民眾代表的要求，完全沒有誠意接受，只說「依法嚴辦」，甚

且對於「請願的民眾」加以「暴徒」的帽子，對於「合法的請願」謂之「越軌行為」。而以「戒嚴令」對付。至於查緝員的橫暴及公署衛兵掃射請願民眾一事，卻一言不提。

三月一日，台北市到處都是軍隊、警察隊、憲兵隊、武裝隊的巡邏車，步槍、手槍、機關槍的槍聲，到處可聞。陳儀以為這樣子，秩序就可以維持了，但是馬路上，到處都是鮮紅的人血。鐵路員工、學生、工人、商人等都有死傷，被捕者也不少。一切交通都斷絕了，學校罷課，工廠罷工，商店關門。市內各報社的外省籍人都走了，且因秩序紊亂，無法出版。政府雖然下了戒嚴令，但是，「暴動」不斷地擴大到鄰近地方，而更加趨於激烈。

上午十時，市參議會邀請國大代表、參政員、省參議員等組織「緝煙血案調查委員會」，並推選黃朝琴、周廷壽、王添灯、林忠等為代表前往公署，向陳長官建議：一、立即解除戒嚴令，二、被捕之市民應即開釋，三、下令不准軍隊開槍，四、官民共同組織「處理委員會」，五、請求長官對民眾廣播。

下午五時，陳儀向全省民眾廣播，聲明：查緝私煙「誤傷」人命的人，已經交法院嚴格審辦，傷者治療慰問，死者優厚撫恤；並說：自今晚十二時起解除戒嚴，惟希望必須維持地方秩序和社會安寧，集會遊行暫時停止，罷工罷課罷市毆人及其他妨礙公安的舉動不准發生；參加暴動的人，釋放時鄰里長須負責具保；由參議員、國大代表、參政員推派代表，與政府合組「處理委員會」。

陳儀廣播後，即派周一鶚、胡福相、趙連芳、包可永、任顯羣五人，代表政府參加「處理委員會」，協同處理善後。從此以後，台北方面，一切問題都移來「處理委員會」處理了。

（看後文）

但這是陳儀的騙局，他一方面接受「代表」的請願，答應懲兇和撫恤死傷者，另方面卻禁止罷課、罷工、罷市、遊行、集會等，又拉攏所謂「國大代表」、「參議員」、「參政員」等御用紳士出來幫兇，欺騙人民，企圖沖淡人民的鬥爭情緒和破壞人民的團結。其次，他卻召集劉啟光、林頂立、陳達元等軍統頭子密議武力鎮壓。一面向中央誇張歪曲報告台灣暴動情形，要求派兵到台；同時調動台南鳳山部隊，北上救援（但這卻沒有成功，因在援軍到達新竹時，新竹以北的交通，已被人民控制了）。

可是，對於這些情形的演變和陳儀的騙局，最敏感的是進步青年和學生，他們都認為事已到此，除了武裝鬥爭以外是不能達到最後勝利的。三月二日上午十時，國立台大、延平學院、法商學院、師範學院及各中等學校高級生，約數千名，集於中山堂，舉行學生大會，決議組織學生自己的隊伍，以協力維持治安，整理交通，同時以備應付意外的突變。進步學生又秘密召開各種會議，決議編成「學生軍」，及選定攻擊目標等。可惜，由於缺乏武器，又有「處理委員會」的吵鬧和軍統、CC 的搗亂妨礙，學生們的計劃終歸於失敗。

基隆方面：二月廿八日傍晚發生暴動，羣眾襲擊警察所，搶了許多武器，「打阿山」的風潮遍及全市。三月一日早晨，基隆要塞司令部宣佈戒嚴，一切交通斷絕，學生罷課，工人罷工，商人罷市，各機關公務人員卻躲在屋子裏不敢出外，家家戶戶都關了門，街道上只有武裝士兵在巡邏，基隆成了死城。

從三月一日至三日，市內及四郊，人民及軍隊的衝突，時有所聞。一羣碼頭工人襲擊第十四號碼頭軍用貨倉，但被武裝

部隊擊退，死傷多人，均被投入海中。

　　三月七日，民眾風聞蔣軍和憲兵將來台灣鎮壓暴動，人心惶惶，於是青年、學生都忙於準備抗敵，阻止登岸。是日市內到處發現各種傳單標語：「打倒陳儀！」、「要求台灣自治！」、「同胞們！蔣軍要來殺我們，大家要準備抗戰，不可使他們上岸！」。也有報告各地暴動情形的日文「速報」。

　　台北縣：全省最先響應台北暴動的地方是台北縣的板橋鎮。二月廿八日下午，數百名民眾包圍板橋車站，攔截火車，車內發現逃走的官吏，即拖下毆打，重傷者三人，輕傷者十多人。與這同時，鶯歌、萬華等車站也發生暴動。

　　次日，板橋鎮的秩序愈加混亂，縣府職員在辦公廳被打，於是逃避一空。民眾襲擊供應局倉庫，搬走所有軍用物資，接著將倉庫放火燒燬，損失約達台幣三億元，圍繞的民眾痛快歡呼：叫國民黨拿這些殘灰去打內戰！

　　一方面，省參議員林日高（他曾參加過台灣共產黨，反對日本帝國主義，被捕投獄七年）及參政員林宗賢出來組織「服務隊」，維持治安，並勸止無原則的「毆打外省人」，引導民眾參加全省性的政治鬥爭。

　　台北縣境及其他地方，自二月廿八日至三月七日，相繼發生暴動。汐止方面：二月廿八日下午有兵車一輛，遭民眾襲擊，一連附死亡，兩士兵受傷。宜蘭方面：三月四日，市民和青年學生集合遊行示威。襲擊空軍倉庫，繳獲長槍五百餘支，短槍百餘支，將蔣軍機材悉數燒燬，並收繳市警察局的槍支，全部外省人被集中。

　　桃園方面：二月廿八日早上，由台北出發的一批青年，到了桃園，一下車就與當地青年會合，開始活動，奪取車站崗警

的槍械,控制經過該車站的一切火車。同時開始「修理」(打的意思)由該站下車的貪官污吏及一切黨棍特務,當場擊傷數人。街上到處都是喊「打阿山」的人聲,一切貪官污吏的官舍都被人民搗毀,被搜查。(新竹縣長朱文伯被搜出台幣三百萬元,他就任未及二月,已有了一筆巨款,民政科長洪某被搜出台幣六百萬元)。後來民眾擁至縣政府,欲加以接管。蔣官看見民眾擁進來,各自紛紛逃跑,於是民眾就把縣政府「不流血佔領」起來,民眾知道警察局二三樓上正藏著許多官員,遂大舉包圍警察局,要求交出。此時有一部份民眾已進入縣政府倉庫,將所有牛奶食米配給貧民,另一部份民眾乃直到空軍倉庫,奪取武器和物資。於是民眾已有了步槍、手槍、機槍、手榴彈、又有了汽油,真是如虎添翼,氣燄萬丈。民眾即推舉代表進入局裏,要求一切警察人員,放下武器投降,否則就焚燒警察局。詎料警察局竟拒絕人民的要求,以步槍、機槍掃射人民,當場斃傷數十名。

晚上,月黑風高,槍聲四起,從十時到下半夜二時,時斷時續,由此槍聲推測,巷戰是相當猛烈的。警察方面,一面戰一面向長官公署求援。二時以後,天降大雨,阻礙了民眾的作戰不少,此時,由台北派來的增援者已到,警察抵禦不住,由後門脫出,突圍向台北方面逃竄。

新竹方面:三月一日,新竹市也響應台北市民開始罷市罷課,三月二日早晨,民眾分為數隊,分頭襲擊警察派出所,奪取武器,搗毀勾結官僚的外省人商行,搜查各機關及官吏宿舍,市長、檢察官、專賣局分局長的官舍,無一幸免。平時以征服者的姿態君臨新竹市,到處凌辱市民的國民黨的「黨棍」們,都個個逃避,不敢露面,「堂皇」的「市黨部」招牌,

也被人民拋棄在泥溝中，這就是台灣人民對於「黨國」忠誠的表現。

此時，應警備司令部的命令，由鳳山北上的部隊，開到新竹，機關手走了，士兵之中無人能夠駛車，不得不在此待機。這些軍隊開入市內，鎮壓人民的起義，於是民眾漸漸停止行動，接著就是捕和殺。

中部方面：台北暴動的消息傳到台中之後，三月一日上午九時，於台中市召開台中市、彰化市、台中縣各參議員的聯席會議，決議一致支持台北市民的要求，並堅決地以鬥爭來擁護台北市民的鬥爭。另外追加兩項要求：一、改組長官公署。二、即刻實施省縣市長的民選。又選出林連宗為代表，到台北傳達中部地方人民的鬥爭決意。台中市民紛紛主張趕快組織市民的戰鬥隊伍，來與這個專制獨裁的反動政府鬥爭到底。當天晚間，市內發現了無數傳單，號召市民大眾。

三月二日，於台中戲院，召開市民大會，由楊克煌宣佈開會，並報告台北暴動的發端與陳儀屠殺人民的經過，最後說明市民大會的意義和任務。之後推舉謝雪紅為大會主席，討論台中方面的鬥爭方針。民眾之中，有人提議遊行示威，發表宣言等議案。會場甚為緊張，不愧稱為一個革命的市民大會，會後開始遊行，首先到警察局，把該局包圍起來。洪局長立即接受人民的要求，解除該局全體警察的武裝，封閉該局一切武器。

一羣民眾衝入「三青團」台中分團，把蔣介石的照像撕毀，這表現台灣人民還是清楚地認識他們的真正敵人是誰。

另一羣民眾包圍劉存忠的住宅。劉是台中州的接管專員，後為台中縣長，同時兼任警備司令部的高級參謀，劉在台中的貪污舞弊，無人不知。甚且庇護專賣局分局長趙誠及科員劉青

山在他的家裏。劉知道被包圍時,命部下向民眾開槍,當場擊斃一人,傷數人。因此更加刺激了民眾,民眾搬來幾大桶汽油,欲將劉的住宅燒燬。時適值謝雪紅到,謝勸民眾不可放火,因恐延燒及民間房屋。後來劉見無法脫險,終於向人民投降。

　　台中市民的起義漸趨擴大後,市內大小商店以及路邊小販一律罷市,秩序混亂。二日,獲悉台北已成立了「處委會」的消息,於是台中各界人士也集於市參議會,成立「台中地區時局處理委員會」,設置各部門,並開始組織青年學生為「治安隊」,以維持治安及準備有組織的鬥爭。台中蔣府當局懼怕人民擴大暴動,當即散布國軍已開到台中近郊的謠言,以威脅市民,因此黃朝清（市參議會議長）等卑怯的御用紳士們,就向人民宣告解散「處委會」和「治安隊」。但一般青年卻反對黃朝清的聲明,而在謝雪紅、楊克煌等領導之下,以警察局的二十八支步槍和一百多把軍刀,武裝了幾隊青年,制先進攻鄰近蔣軍小據點,收繳武器。一夜之間,青年的奮鬥甚為成功,到天曉時,已收繳了一百多支步槍、三支機槍、及許多軍刀手榴彈。青年武裝部隊又佔領廣播電台,向中部地區廣播各地起義的情形,並要求全中部地區實行戰時體制和組織武裝起來響應。

　　經過一夜的戰鬥,台中市及近郊的軍政機關已逐漸由人民控制了。三月三日,於市民館成立「台中地區作戰本部」。早上集結在第三飛機廠倉庫（舊敦化會館）的蔣軍,竟侵入市區,以機槍掃射市民,武裝青年即向蔣軍進攻,在公園前面與蔣軍展開巷戰。民軍一時不利,作戰本部乃命令武裝青年,攜帶手榴彈登上屋上,向蔣軍攻擊,因此蔣軍士兵潰敗逃走。本日市內各機關、工廠工人,各自組織治安隊,而其他地方的人

民武裝，獲悉台中市的危急，也各派援軍來助戰，如彰化隊、大甲隊、豐原隊、埔里隊、東勢隊、員林隊、田中隊、太平隊等等。蔣軍盡集在第三飛機廠倉庫，從倉庫內不斷向往來民眾開槍，因此，作戰本部即令學生隊、獨立治安隊、彰化隊、員林隊及豐原隊之一部份，協力圍攻該處蔣軍，直至午夜，蔣軍始投降。

本日彰化市警察局的武器也被人民武裝組織收繳，該局即被人民控制，市內青年學生亦各自組織治安隊，維持地方治安。

蔣軍第三飛機廠官兵五百多人，看見人民武裝力量浩大，不敢抵抗，派代表到「作戰本部」投降，於是台中市的蔣軍全部被殲，所有俘虜，皆被收容在台中監獄，等候人民政權的處置。

戰鬥中逃避不敢露面的御用紳士，看見台中市蔣軍正被肅清，就出來組織「台中地區時局處理委員會」，編成龐大的機構，大鬧不休，又選任前日本海軍陸戰隊長吳振武（上尉）為中部地區人武部隊指揮員。其後，各種事實證明這個軍權的移動是御用紳士和蔣方特務份子的陰謀。從此以後，台中地區的人民武裝就四分五裂，「處委會」已被特務份子所控制，對於其他地方的求援不但予以拒絕，甚且企圖瓦解中部地方的人民武裝，欲以妥協的方式，和平解決事變。

三月六日，一羣優秀青年學生，為了反對處委會的妥協，抗戰到底，乃在謝雪紅、楊克煌等領導之下，另編「二七部隊」，整編隊伍，佈置崗位，整備各種武器、彈藥、被服、食糧、醫藥等。同時著手修理戰車、高射炮、機關炮、迫擊砲等，以備作戰。

三月八日，由於頻傳蔣援軍開到，全般有了動搖，尤其是

台中處委會的卑怯份子，紛紛提出辭職離開崗位。但「二七部隊」再得到自嘉義方面來的一批青年學生的參加，汽車輸送隊的工作非常活躍。

三月九日十日，蔣軍援軍開到台中，開始大屠殺，陳儀下令解散處委會，大捕市民。在這之前，處委會的委員，怕有後患。即釋放被關在台中監獄的蔣方軍官出來，因此市內傳出這些軍官將殺市民復仇的消息，市民惶惑，秩序更加混亂。但「二七部隊」仍然很緊張，討論：要在台中市郊與蔣軍決戰，或退入山內抗戰，雖未得到結論，但全員鬥志甚是堅強。

三月十二日，「二七部隊」終於決定撤退，透夜將武器、彈藥、被服、食糧、醫藥等秘密搬到埔里，另一隊學生即到草屯軍用倉庫，搬運許多軍需物資，一夜間草屯公路，車輛來往不斷，附近人民沿途鼓勵人民軍隊的奮鬥。

三月十三日下午三時，蔣軍第二十一師開到台中，此時「二七部隊」已經完全撤出台中，林獻堂、黃朝清等台奸，即強迫人民出錢，建立歡迎門歡迎「國軍」入城。蔣軍入城後，獲悉有一千多人民武裝撤退入埔里準備抵抗的消息，故不敢輕動，對市民亦不敢施行屠殺，搶劫掠奪亦不敢如別的地方那樣厲害，但軍統和CC的特務份子卻乘勢開始逮捕民眾。「二七部隊」佔領埔里，在這裏設置該隊本部，準備與蔣軍作戰。蔣軍廿一師一四六旅四三六團到草屯地方，企圖襲擊埔里，但被「二七部隊」擊退。旋「二七部隊」即分別佔領能高區署及警察所，繳獲機槍三挺，步槍三百多支，子彈數千發。蔣軍則於同日分別進駐二水、集集、水裏坑、日月潭、門牌潭等，企圖圍攻埔里。是晚「二七部隊」制先進攻日月潭，途中俘獲敵間諜三人，十一時許攻佔魚池警察所，上午二時突包圍日月潭，

向敵軍投擲手榴彈，擊傷三十多人，俘獲士官三名，敵軍敗走，退到水裏坑方面。

　　三月十六日，草屯方面蔣軍得到援軍，大舉圍攻埔里，因此「二七部隊」乃舉全隊武裝力量抗敵，上午十一時左右，兩軍接戰，槍聲漫山遍野，因眾寡懸殊，人民軍甚為苦戰，但因戰鬥意志強烈，戰鬥技術優秀，激戰到黃昏時候，擊傷蔣軍二百多名，結果蔣軍以十餘輛兵車，滿載死傷士兵敗退。人民軍方面，也犧牲了八名，受傷數名。「二七部隊」鑑於武器彈藥無法補給，又兩路受敵，不能與別地方友軍聯絡，故決議暫行化整為零，退到小梅地方，再度合流，繼續鬥爭。這樣結束了中部地方的武裝鬥爭。蔣軍於十七日，獲悉人民軍退出，始進駐埔里。

　　嘉義方面：三月二日，嘉義市也發生暴動，人民編成數隊，分別攻擊官舍，市長公館亦遭搗毀。之後再攻擊警察局，獲得了不少武器。三日上午，舉行市民大會，組織「嘉義處理委員會」及「防衛司令部」，司令部下面有：高山部隊、海軍部隊、陸軍部隊、學生總隊、海外歸來總隊、社會總隊等等。下午各部隊合攻蔣軍第十九軍械庫，經一點多鐘的激戰之後，完全佔領，接收一切武器及軍用品。此時，憲兵隊和市政府大官員，已先退到東門的營房，與蔣軍會合。晚上九時，市民已完全佔領市政府，台籍警察大部份也攜槍參加起義，市內及近郊的外省人一千四百多名，被民眾扣留，同時把市參議會、中山堂、市黨部作為「集中營」，把這些官僚集中起來。

　　翌日早上，人民軍各部隊，開始大規模的進攻蔣軍營房，營房裏面的蔣軍和憲兵隊支持不住，退到山上嘉義中學，至此，嘉義市的軍、黨、政各機關，以及水道、電力、電報、廣

播電台、鐵路交通，均握在人民手中。

退到嘉義中學的蔣軍、憲兵、官僚們，未經喘過氣，就再受人民軍的追擊，又慌慌亂亂地退到紅毛碑。紅毛碑是蔣軍在台灣最大的軍械庫。人民軍此時得到竹山、斗六青年部隊的急援及台中的彈藥供應，擁至紅毛碑，開始猛攻，經三晝夜激戰，蔣軍終於把軍械庫炸燬，全部退到飛機場。但是人民軍一點也不放鬆，直追至飛機場，於是，嘉義飛機場的攻防戰開始了。因這個地方是蔣軍的最後而且最大的據點，所以他們也頑強地抵抗，一時不能攻下，雙方死傷慘重。

五日，蔣軍在這危急之際，為了爭取時間，假向人民求和，人民軍不知是計，接受蔣軍的求和，立即停戰。但是過午時分，由台北飛來一架飛機，向蔣軍陣地投擲相當數量的彈藥和糧食。蔣軍得到糧食和彈藥後，立即反過臉，突圍衝出，向人民軍開火，人民軍一時應付不及，犧牲了三百多人。

在雙方混戰當中，市民忽發現數輛卡車，滿載著武裝青年，卡車兩旁大書特書著「台灣民主聯軍」，到處粉碎蔣軍，於是人民軍士氣大振。在六、七、八三日的混戰中，嘉義一切男女學生都出動協助「民主聯軍」，男的參加戰鬥，女的編成救護隊，救護負傷者。蔣軍看見全體市民的英勇抗戰，再退入飛機場，堅守不出。

十二日下午，大批蔣軍空運到嘉，從此以後，便是蔣軍的大逮捕，大屠殺。十二至十三兩日兩夜，被捕被殺的青年學生及市民，無法計算。

虎尾、斗六、林內方面：斗六和虎尾兩地方的青年，於三月二日夜，以迅雷不及掩耳之勢，襲擊區署及警察所，奪取武器，武裝自己。翌日，斗六方面，在陳篡地領導之下，舉行

民眾大會,號召所有退伍軍人、學生、青年組織「斗六警備隊」,陳篡地為隊長,維持該地方的治安。在虎尾方面,武裝青年即向蔣軍警備隊開始進攻(虎尾有蔣軍警備隊三百多名,警備虎尾飛機場),但蔣軍不堪民軍一擊,就退入機場內的堡壘,雙方相持三晝夜,蔣軍也不敢出擊,民軍也不能消滅蔣軍。

至五日晚上,斗六、斗南、台中、竹山各地民軍陸續抵達虎尾,與虎尾民軍合流,編成聯合部隊,圍攻蔣軍,蔣軍抵禦不住,終於爬出堡壘,在廣闊機場,演過一場白刃戰之後,一部份蔣軍始能突圍流竄。民軍攻破機場,獲得許多武器。在戰鬥中,民軍戰死九名,受了輕重傷者數名。蔣軍敗兵流竄到林內附近小山「平頂」。翌日下午,虎尾、斗六、林內的聯合部隊,趕到「平頂」山麓包圍蔣軍,蔣軍無心戀戰,即派代表出來向人民投降。於是,斗六、虎尾、林內這些地方的戰鬥,告了一段落,而投降的蔣軍則被集中於林內國民學校,由林內人民監視。

三月十四日,蔣軍由嘉義開始反攻,抵達斗六的時候,陳篡地與蔣軍發生小規模的遭遇戰,眾寡不敵,陳篡地將部隊帶上小梅方面山中。後來蔣軍屢次圍剿,都遭到猛烈的反擊,付出慘重傷亡的代價。據傳:陳篡地的部隊,在嘉義、小梅方面山中,打了一個時期的「游擊戰」,寫了「台灣游擊戰史」的頭一頁。

台南方面:三月二日夜,在更深人靜的時候,忽然一隊隊的青年學生,襲擊各處警察派出所,警察自動放下武器。翌日早晨,舉行市民大會,決議支持台北市民,要求懲兇,同時要求改革台灣省政治,立即實施縣市長民選,因為這次事件完全是惡政治的結果。

三月三日上午十時許，安平運河上，發現一隻由福建開來的帆船，載有大批私煙和步槍，民眾要求收繳武器，但船員不僅拒絕，甚且向民眾開槍，民眾憤怒極了，衝入船內，把船員一個一個加以「修理」，同時把所有物資連同船隻，縱火焚燒，黑煙沖天，直至下午三時始熄。是晚，工學院學生在中山堂開學生大會，決議參加鬥爭，立即編成一隊，趕到台中，參加守備台中第三飛機場。

　　三月四日上午，市民及各校學生聚集西門市場前，遊行示威，沿途高呼「要求生活的保障」、「反對內戰」、「打倒貪官污吏」、「要求台灣自治」等等的口號。至下午，曾出征南洋歸來的青年分為數隊，分別襲擊各警察派出所，第三監獄及警察保安隊，繳獲許多槍械彈藥，警察局長陳懷讓也被人民生俘。天未黑，台南市大小機關都被人民接管了。平時以征服者的姿態，蔑視人民的大小官僚，都逃之夭夭，不知去向。

　　九日下午，台南市全體參議員、區里長、人民團體代表、學生代表等四千餘人，在市參議會會議室，再開市民大會，選舉過渡期的市長，結果黃百祿一七九票，侯全成一○九票，湯德章一○五票，各當選候選人，這是全省最先提出縣市長候選人的，這說明了台灣人民要求地方自治的心如何殷切。

　　十一日，蔣軍由南部開到台南，立即下了戒嚴令，實行逮捕和屠殺，不知犧牲了多少無辜市民。次日中午湯德章（律師）被捕，押赴刑場（舊大政公園）槍決了。

　　高雄、鳳山方面：高雄市的暴動，開始於三月三日夜間。黃昏時候，到處都是大打「阿山」。天未黑，市警察局就已被人民包圍，局長的汽車被焚燒了。接著兩個軍局及鹽埕派出所也被人民佔領，武器悉數被收繳了。

三月四日,此地「三青團」員,不欠一人,全部參加鬥爭,全市的本省籍警察,也攜帶武器參加起義。市面「打風」越來越猛,皂白難分,於是,在「三青團」倡導之下,決定不打教職員;因為台灣人民所痛恨的不是一般「外省人」,更不是清廉苦幹的教員及文化工作者,而是眼中無人的那班傲慢、無能、貪污、腐敗的官僚。本日鳳山舉行人民大會,人民的各項要求得到高雄縣長當面接受,又要求撤退軍隊一項,經由縣長及人民代表與軍事當局接洽結果,亦得面諾,軍隊立即退入營房,因此,未曾發生重大衝突。

　　三月五日,高雄市成立「處理委員會」,並在高雄第一中學,成立「總指揮部」,由涂光明任總指揮,召集青年學生,編成隊伍,攻擊憲兵隊、陸軍病院及軍械倉庫,繳獲武器甚多。因本省籍警察二百餘名起義,市內一切軍政機關,一律被人民佔領,被集中的官兵已達七百名之多。另一部分民眾,進攻高雄監獄,放出犯人二百多人。

　　武裝鬥爭一直持續了三天,此時尚未攻下的祇剩下高雄要塞,青年學生企圖攻要塞,但指揮部為了減少犧牲,派代表要求要塞司令彭孟緝放下武器,向人民投降。但彭孟緝不但拒絕人民的要求,反而把代表涂光明、曾鳳鳴等扣留,槍決涂光明,祇放回黃仲圖(市長)一人下山。黃仲圖未回到「處委會」以前,山頂要塞司令部所屬全體蔣軍,即以步槍、機槍,乒乒乓乓殺下山來,不論男女老幼,見人便殺,甚且向屋子裏面掃射,馬路上到處都有死人,屋子裏哀號呼救之聲不絕。

　　此時,青年學生也展開英勇的反擊,到處都是混亂的巷戰,直戰至半夜,由學生堅守著的前金派出所終於被蔣軍奪回,因為學生至最後一人還是堅強抵抗,致不留一人全部戰死。

彭孟緝又命鳳山蔣軍趕來夾攻，直殺至八日，不分晝夜，槍聲不絕，馬路上，街頭巷尾，十字街頭，到處都有死屍，有的已經發爛，有的還在流血，但沒有人敢出來認領。

這樣，高雄市民的英勇鬥爭，屍橫高雄山，血流西子灣，犧牲了數千人生命，終於被野蠻的蔣軍鎮壓下去。

屏東方面：三月二日晚間，市參議會副議長葉秋木召集各參議員、人民代表、學生、青年開會，決定響應台北及其他地方的暴動。翌晨，退伍青年軍人即編成「海外隊」、「陸軍隊」、「海軍隊」等，包圍警察局，以「肉彈」攻佔警察局，奪取武器彈藥。市長看見情形已不可收拾，乃命大小官僚退到憲兵隊。至中午時候，市政府及其他各機關已被人民佔領了。

另一隊即襲擊製糖廠，繳獲許多武器彈藥，市內到處都是在「打阿山」，逃不及的大小官僚，均被集中，送到集中營。本日（三月三日）下午，成立「屏東市處理委員會」，葉秋木被選為主席，並成立「治安本部」，負責維持市內治安。

五日上午成立「司令部」。人民軍數次圍攻憲兵隊，但因缺乏彈藥，一時不得攻陷。之後得到高山青年的協助，首先斷絕憲兵隊的水源，次即用消防隊的水龍噴射汽油，實行火攻，憲兵隊抵禦不住，乃於是夜十時，保衛大小官僚及其眷屬五十餘人，撤至飛機場，與空軍地勤部隊會合，人民軍隨後擁至飛機場圍攻。本日「處理委員會」推舉葉秋木為臨時市長，這是台灣人民首次自己選舉的市長。

飛機場的攻防戰持續至八日，八日正午，鳳山的蔣軍開到屏東，實施戒嚴，進行逮捕和屠殺，被捕被殺的市民、青年、學生甚眾。後來葉秋木亦被捕，經過野蠻絕倫的體刑之後，拖出遊街示眾，首先被槍決了。

這樣，屏東市民的鬥爭，也被蔣軍鎮壓下去。

其他：花蓮港、台東、澎湖等地方，雖然未發生過戰鬥，但到處都開過「人民大會」、遊行示威、「打阿山」等，響應這次史無前例的全省性的武裝鬥爭。

三、「二二八處理委員會」及其處理大綱

「二二八處理委員會」，本來是受陳儀之命，為了調解「緝煙血案」，防止暴動的擴大，由政府代表和國大代表、參政員、參議員等構成的，但是一開始，就討論「處理委員會組織大綱」，並決定「團結全省人民，改革政治及處理二二八事件」為宗旨。因此，政府代表祇出席一次，其後就不敢出席了。三月四日以後，幾乎全省都發生暴動，因此台北「處理委員會」則感到有統一處理全省問題的必要，即決議：通知十七縣市參議會，緊急分別組織「處理委員會縣市分會」，並派代表參加組織全省的「處理委員會」。

從此決定之後，即宣佈組織「處理委員會」之目的說：「此次民變，目的在於要求政治改革，毫無其他企圖」，並表示決意說「如不達到目的，決不結束」。同時該會代表四十餘人，向陳長官正式提出「由處理委員會研究一具體辦法，趁此機會，改革目前台灣政治」之要求。很明顯地，處理委員會在人民的壓力之下，與政府所期待著的目的相反，逐漸由調處及維持治安之任務，而進為政治改革的鬥爭。

在機構方面，由於政府代表退出該會，和各「人民團體」的要求，也擴大到容納其他人民團體的代表參加。而且其組織規模非常龐大。其「組織大綱」如下：上面設置「常務委

員會」,裏面置「主席團」,「常委會」下面設「處理」與「政務」兩局,「處理局」下面設「總務」、「治安」、「調查」、「交通」、「糧食」、「財務」各組,「政務局」下面設「交涉」、「計劃」各組。「主席團」另設「秘書室」。宛然出現了另一個政府。事實上,此時陳儀的「長官公署」的政令,已經不出公署門外,全省的治安和施政都幾乎由「處理委員會」代替。

三月五日,「處委會」發表一重大決定:就是派代表四人赴中央陳情,並向公署提出要求條件及「改革本省政治方案」。其重要內容如下:(一)專賣局兇手立刻在民眾面前槍決。(二)厚恤死者遺族,無條件釋放被捕人民,且不得再追究發動事件之人。(三)軍隊武裝全部解除,交由「處理委員會」保管,治安亦由「處理委員會」負責,中央不得派援兵來台,以刺激民眾。(四)取消專賣局和貿易局,並命專賣局長向民眾道歉。(五)一切公營事業由本省人經營。(六)公署秘書長及民政、財務、工礦、農林、教育、警察各處及法制委員會須過半數以上以本省人充任。(七)法院院長及首席檢察官,均任用本省人。(八)立刻實施縣市長民選。

三月六日,陳儀接到第廿一師已由滬開出,憲兵第四團也已離開福州赴台的中央密電,即召集柯參議長以下幕僚,在長官公署會議室,部署援軍開到後的作戰計劃,但是他對於昨天「處理委員會」所提出的要求條件卻欣然接受,並向全體人民廣播,撒最後一次大謊。他說:他是如何忠國愛民,尤其是愛惜台灣同胞,所以他對於昨天處理委員會的決定甚為關心,已決定如下幾點原則,希省民信賴政府,靜待全體的解決。(一)省行政機構已考慮將長官公署改為省政府。現向中央請

示,一經核准,即可實施,改組時,省政府委員及各廳處長盡量任用本省人士。(二)縣市行政機構,在準備手續完成的條件之下,縣市長民選定七月一日起開始實施,在民選以前,不稱職之縣市長,政府可免職,由地方民意機關推選候選人三人,圈定一人充任。(三)其他行政改革,俟省政府改組後,由其決定,縣市方面,俟縣市長調整後,由其負責。

但是,對於陳儀這個廣播,大部份的處理委員們,卻不知道是陳儀的緩兵之計,而以為陳儀有著誠意改革台灣政治,他們也已有出出風頭的日子了。

由於前天「處委會」所決定的「台灣政治改革案」,缺乏具體,於是推舉「宣傳組」長王添灯起草更加具體的方案,要求陳儀付諸實施。三月七日,「處委會」照常開會。但是今天市面已盛傳大批蔣軍將到,人心甚是惶惑。今天的會議,旁聽者特別多。原來陳儀已經布置許多特務滾入會場,一則陰謀破壞會場的秩序,二則由這些特務份子提出可以構成「罪責」的各種脫軌的要求,以為鎮壓的證據。因此,會議一開始,就陷於混亂狀態。

王添灯說:「當局對於我們的政治改革要求,都無不接受,但是諾言與實行是兩件事,沒有附諸實施的諾言,對於我們有何用呢?數日來,各位委員和一般旁聽者,都提出了許多意見,今天可以總結這些意見的時候了。台灣的政治改革不是天天在這個地方,鬧個不休就可以實現,所以我今天提出對於此次事件的處理和政治改革的最後方案,要求當局不可食言,必須付諸實施。如果當局祇有諾言,而不實施的時候,要怎麼辦,我無須在這裏說明了。」

對於王添灯這一番「言順名正」「氣壯理直」的話,陳儀

派去會場的特務份子，一齊咆哮，喧嘩吵鬧，會場頓時陷於混亂，無法制止。

但王添灯等到會場冷靜時，慢慢地起來說明他的「處理大綱」及「政治改革方案」，分為：「對目前的處理」七條，「根本處理」（包括軍事方面五條政治方面廿條）二十五條，共三十二條。在討論之間，其他代表再追加十條，其中有幾條與王氏的提案重複，因會場混亂，無法整理，以致雜亂不成體統，尤其是「根本處理」的「政治方面」第廿九條「本省人之戰犯漢奸即時釋放」，這條是由 CC 特務份子，國民黨台灣鐵道特別黨部書記長黃國信提出，其他的特務份子叫喊贊成威脅通過的。這樣，這四十二條要求就成了「反抗中央背叛國家陰謀」之罪，成為「大屠殺」的藉口。

「處委會」閉會後，代表即向陳儀提出這四十二條要求，但遭到陳儀柯遠芬的堅決拒絕。於是，這些委員們才覺到一向都被陳儀柯遠芬所騙，悔悟不得，灰心又不得。又因獲悉蔣軍已到，有的就跑了。

但王添灯卻泰然自若，以毅然的態度，於是晚向中外闡明這次台灣民變的原因經過及台灣人民的基本要求，其次向全省人民作最後的廣播，報告本日「處委會」開會經過，及所提要求被陳儀柯遠芬所拒絕的詳細情形，宣讀四十二條「處理大綱」。

最後他向全省人民呼籲：「處委會」的使命已經完了，從今以後，這次事件已不能單由「處委會」處理，只有全體省民的力量，才能解決，同時才能達成全體省民的合理要求，希望全體同胞繼續奮鬥！

從此以後，台灣省民就不能再聽到王添灯氏的聲音，而且

經過數日,王添灯氏就永久與台灣人民離別了!

「處委會」所提四十二條「處理大綱」如下:

1. 對於目前的處理
    (1) 政府在各地武裝部隊,應自動下令暫時解除武裝,武裝交由各地處理委員會及憲兵隊共同保管,以免繼續發生流血衝突事件。
    (2) 政府武裝部隊武裝解除後,地方之治安應由憲兵與非武裝警察及民眾組織共同負責。
    (3) 各地若無政府之武裝部隊威脅時,絕不應有武裝戰鬥行為,對於貪官污吏不論其為本省人或外省人,亦只應檢舉轉請處理委員會協同憲警拘拿,依法嚴辦,不應加害,而惹出是非。
    (4) 對於政治改革之意見,可條舉要求條件,向省處理委員會提出,以候全盤解決。
    (5) 政府切勿再移動兵力,或向中央請遣兵力,企圖以武力解決事件,致發生更慘重之流血,而受國際干涉。
    (6) 在政治問題未根本解決之前,政府之一切施策(不論軍事、政治)須先與處理委員會接洽,以免人民懷疑政府誠意,發生種種誤會。
    (7) 對於此次事件不應向人民追究責任者,將來亦不得假藉任何口實,拘捕此次事件之關係者。對於因此次事件而死傷之人,應從優撫恤。
2. 根本處理
    軍事方面:

(1) 缺乏教育和訓練之軍隊,絕對不可使駐台灣。
(2) 中央可派員在台徵兵守台。
(3) 在內陸之內戰未終息以前,除以守衛台灣為目的之外,絕對反對在台徵兵,以免台灣陷入內戰漩渦。
(4) 本省陸海空軍應盡量採用本省人。
(5) 警備司令部應撤消,以免軍權濫用。

政治方面:
(1) 制定省自治法,為本省政治最高規範,以便實現國父建國大綱之理想。
(2) 縣市長於本年六月以前實施民選,縣市參議會同時改選。
(3) 省各處長人選應經省參議會(改選後為省議會)之同意,省參議會於本年六月以前改選,目前其人選由長官公署提出交由省處理委員會審議。
(4) 省各處長三分之二以上須由本省居住十年以上者擔任之(最好祕書長、民政、工礦、農林、教育、警務各處長及各縣市警察局長,應該如是)。
(5) 警務處長及各縣市警察局長,應由本省人擔任,省警察大隊及鐵道警察即刻廢止。
(6) 法制委員會委員須半數以上由本省人充任,主任委員由委員互選。
(7) 除警察機關之外,不得逮捕人犯。
(8) 憲兵除軍隊之犯人外,不得逮捕人犯。
(9) 禁止帶有政治性之逮捕拘禁。
(10) 非武裝之集會結社絕對自由。
(11) 言論出版罷工絕對自由,廢止新聞紙發行申請登記

制度。
(12) 即刻廢止人民團體組織條例。
(13) 廢止民意機關候選人檢覈辦法。
(14) 改正各級民意機關選舉辦法。
(15) 實行所得稅統一累進稅，除奢侈品稅相續稅外，不得徵收任何雜稅。
(16) 一切公營事業之主管人由本省人充任。
(17) 設置民選之公營事業監察委員，日產處理應委任省政府全權處理，如接收工廠礦應置經管委員會，委員須過半數由本省人充任。
(18) 撤消專賣局，生活必需品實施配給制度。
(19) 撤消貿易局。
(20) 撤消宣傳委員會。
(21) 各地方法院長各地方主席檢察官，全部以本省人充任。
(22) 各法院推事檢察官以下司法人員，過半數以本省人充任。
(23) 台灣省行政長官公署應改為省政府制度，但未得中央核准以前，暫由二二八處理委員會之政務局負責改組，普選公正賢達人士充任（此條與第一條重複）。
(24) 處理委員會政務局應於三月十五日以前成立，其產生方法，各由鄉鎮代表選舉候選人一人，然後再由該縣參議會選舉之，其名額如下：
台北市二名，台北縣三名，新竹市一名，新竹縣三名，台中市一名，台中縣四名，台南市一名，台南

縣四名,基隆市一名,彰化市一名,高雄市一名,嘉義市一名,高雄縣三名,台東縣一名,花蓮縣一名,澎湖縣一名,屏東市一名。
(25) 勞動營及其他不必要之機構廢止或合併,應由處理委員會政務局檢討決定之。
(26) 日產處理事宜,應請准中央劃歸省政府自行清理(此條與第十七條重複)。
(27) 高山同胞之政治經濟地位,及應享受之利益,應切實保證。
(28) 本省自六月一日起實施勞動保護法。
(29) 本省人之戰犯及漢奸嫌疑被拘禁者,要求無條件即時釋放。
(30) 送與中央食糖十五萬噸,要求中央依時值估計,撥歸台灣省。

四、民變中「軍統」和「CC」的活動

台北暴動波及全省之後,「台灣工作團」(直屬國防部第二廳)團長劉啟光(原名侯朝宗),就向陳儀建策,倣效日人以武力徹底鎮壓人民的反抗,從此以後直至陳儀垮台為止,劉啟光始終在陳儀側近,成為實際上的最高參謀,籌劃鎮壓民變,屠殺台灣人民的勾當。

另一方面,柯遠芬、陳達元、林頂立等計劃「以民眾的力量對抗民眾的力量」(柯遠芬語)。三月三日,「二二八處理委員會」在中山堂開會時,他們就派許多爪牙混入民眾,到會旁聽,由旁聽席上紛紛發言,破壞會議的進行,同時勾結處

委員的 CC 份子蔣渭川，作為市民的要求，提議組織「忠義服務隊」。他們謂之為「自衛組織」，要求政府撤退市內軍隊，其後治安由「忠義服務隊」維持，蔣渭川甚且推舉許德輝為隊長。許德輝者何人？就是警備司令部調查室所組織的「行動隊」（暗殺隊）的隊長。當然明眼之人極力反對，但是他們動員特務份子叫囂威脅贊成通過。

同時，警備司令部任命「軍統」頭子林頂立為全島「行動隊」的總隊長，指揮一千多人的行動隊員，在各地尾隨所謂「活動份子」，施行威嚇、搶劫、毆打，故意造成恐怖狀態，陰謀暗殺人民的領袖。

在台北方面：處理委員會正吵吵鬧鬧，排擠傾軋的時候，林頂立的「行動隊」及許德輝的「忠義服務隊」的流氓，越加大肆猖獗，公然打劫，威脅良善，結隊橫行，假公濟私。例如：御成町月宮酒家女主人被勒索十餘萬元，女招待被綁架，嘉義閣旅社被勒三十餘萬元；包圍王添灯家，企圖暗殺王氏等等，都是這些隊員的行為。

直至三月六日晚，林頂立竟命令「隊員」，闖入台北市公共汽車車庫，縱火企圖焚燬，幸而被守衛員工及早發覺，急施營救，遂得免大禍。

在台中方面：軍統特務蔡志昌（煥章），召集中部的地方爪牙，於三月六日晚上，在南台中秘密會議，企圖大規模的暗殺，幸而被人民發覺，遂被人民軍包圍，拘禁於台中監獄。後來又派人接近吳振武，威脅吳暗殺謝雪紅，但因吳良心未死，遂自傷其腳，以卸責任等等，到處特務份子的活動非常活躍。

三月八日晚，一週來擔任維持治安工作的數百名中學生，竟被「行動隊」及「忠義服務隊」所拘捕，押到圓山陸軍倉庫

前面廣場，不留一人，悉數被殺死。關於此事，柯遠芬翌日卻引導監察使楊亮功到場，指遍倒在地上的數百個戰屍說：這些就是昨晚進攻這個倉庫，被國軍擊斃的奸匪暴徒，楊亮功無言。後來楊亮功對他的跟隨人說：倉庫附近並沒有戰鬥過的跡象，死者都是十七八歲的中學生，又沒有攜帶武器……。

CC 在這次民變中的活動，比較聰明；因為他們控制了「台灣政治建設協會」，不但把握一些羣眾，甚且可由該會選出代表混入台北及各地的「處理委員會」，而在處理委員會胡鬧。

CC 份子活動得最起勁的，首要舉蔣渭川。他每晚都與 CC 頭子密會後，翌日才出席處理委員會。他在處理委員會的任務，是擴大「建設協會」的勢力，反對進步份子的任何意見，除了「建設協會」所提的意見之外。他們都為了反對而反對，故意破壞社會秩序，造成混亂。蔣渭川又剛愎自用，離開處理委員會的統制，採取個別行動，誣毀其他委員，搗亂處理委員會的統一。他一方面，在整個 CC 的指揮下，極力爭取青年學生，尤其是過去曾經到過海外參加作戰的退伍軍人，作為打倒 CC 的政敵陳儀的工具。

五、台奸出賣台胞

在這次民變中，除了上面所說，本省籍人的「軍統」和「CC」份子，直接參加屠殺台灣人民之外，還有許多台奸勾結陳儀出賣了台胞。首先是台灣著名的女特務謝娥，她是「台灣婦女會」的理事長，同時是國大代表。二月廿八日，長官公署向請願的市民，開機槍射殺多人，但是她卻向全省人民廣播

說：「在公署面前，並沒有發生過開槍事件，因民眾擁擠互相踐踏，致生出若干輕微負傷者而已。」

她在她的廣播中又謳歌陳儀的德政，說陳長官是如何如何好人，他是怎樣愛顧台灣同胞，他是沒有子女的老人家，所以他不要賺錢留下財產（意思就是說陳儀不是貪官污吏），陳長官對於這個事件，甚為痛心，他已經答應以最大的寬懷處理事件，絕對不追究民眾的責任者，請大家放心，遵守秩序，不可輕舉妄動，信賴當局的處理。

當然她是知道她這一番謊言，是騙不了台北市民的，但她的主要目的是在於瞞騙台北以外的人民，以制止各地人民的響應。

但是，台北市民以為她故意歪曲事實欺騙全體省民，次日早上，就把她的醫院包圍起來，把一切醫療機器、藥品、傢俬、衣類、現鈔，都搬出來路上，縱火焚燒。當場憲兵也無法制止，一個三層房屋的一切東西，不留一點，盡皆燒掉，數千片玻璃也不留一片。而她竟跑到憲兵團，請求保護。

當台中市民的暴動漸趨擴大的時候，參政員林獻堂和台中市參議會議長黃朝清等，百般設法阻止人民起來鬥爭，甚且暗中與警察局和憲兵團連絡，一面接受當局的指示，一面報告人民鬥爭的詳細情形，協力憲警鎮壓暴動。人民武裝「二七部隊」退出台中之後，他們大罵「奸黨」煽動暴動，惹出禍端；又強徵人民的財物，建立「歡迎門」，歡迎蔣軍入城，備受陳儀的嘉獎，後來取得台灣省政府委員的「榮位」。

新竹市黨政軍各機關被人民佔領後，陳儀竟施「以台灣人殺台灣人」的毒策，任蘇紹文為新竹地方戒嚴司令，實施戒嚴，命令部下「格殺勿論」。蘇紹文是新竹人，任警備司令部

副處長,是「軍統」特務頭子之一。當大搜查「暴徒」的時候,新竹大小商店店東均被捕,後來各以二十萬台幣贖回,這就是蘇紹文「衣錦歸鄉」以後,對於故鄉父老的報答。

當台南召開市民大會,討論如何響應台北暴動的時候,市參議員侯全成和省參議員韓石泉等卻到市政府,與市長密議如何制止事件的擴大,又訪問憲兵隊長,有所建策。他們在民變中,始終站在官方的一邊,協力鎮壓人民。蔣軍開到台南,開始屠殺的時候,韓石泉、侯全成、蔡培火、陳天順等四人,為了表示他們如何忠於「黨國」,連名向警備司令部控訴莊孟侯(台南著名的士神,前文化協會的幹部)及其他多數市民為「奸黨」,領導台南暴動。同時指使一些青年向「綏靖司令部」自新,填寫悔過書,說是被莊孟侯所煽動,以做間證。結果莊孟侯被捕。至於侯全成尚且引導軍警逐戶搜捕「暴徒」,其兇惡行為,連國民黨匪軍,都不能及此。

最可笑的是台北處理委員會的一班「半山」的卑劣行為。當人民力量強大的時候,他們都爭先恐後地「大出風頭」,大談「政治改革方案」,而滿場一致通過了「四十二條處理大綱」,但是這些要求被陳儀拒絕和聽到蔣軍援軍已到台之後,這一班「半山」──黃朝清、李萬居、連震東、黃國書等,為了推諉責任,就叫集一些衰頭喪氣的處理委員開會,製造「重大聲明」說:昨日提出的「四十二條」要求,因會場混亂,一時無法整理,措詞中有些部分缺隱,因而使當局及省民同胞生出種種誤會,但這些要求決非全體省民之公意,祈當局及全體省民原諒……等等,畢露出了投機分子的真面目。

六、蔣軍的「台灣大屠殺」

抗戰時期日本軍的「南京大屠殺」，使日本人成了世界上最野蠻的民族，但是蔣軍的「台灣大屠殺」使蔣介石成為中國史上最殘忍的「暴君」了。實際上，蔣軍的「台灣大屠殺」勝過日軍的「南京大屠殺」，不知幾倍哩。當時因電訊的封鎖，蔣軍的大屠殺情形，都不能透露出「島外」，以致國內外，知道這個大屠殺情形的人很少。現在蔣軍在「二二八民變」當中的一切罪行，都已經暴露於白天之下，令人聽之不禁戰慄。

三月八日蔣軍開到後，由基隆殺起，殺至屏東，台灣人民起來鬥爭過的地方，都無一不殺，整整殺半個月，就中，台北、基隆、嘉義、高雄殺得最淋漓。

在基隆方面：閩台監察使楊亮功在憲兵第四團保衛之下，到達基隆時，基隆要塞司令部與憲兵夾攻基隆市民，大砲、機槍、步槍齊響，殺死許許多多的市民，老幼男婦都有。接著，第廿一師到達時，又再大殺一陣，同時基隆市長石延漢指揮警察隊到處捕人，捕了數百個「奸匪暴徒」，用鐵線串足，每三人或五人為一組，綑縛一起，單人則裝入蔴袋，投入海中，天天海面皆有死屍浮出，致一般市民，在一個月之間，不敢食魚介類。要塞司令史宏熹也率領「武裝同志」，逐日大捕殺。其屠殺方法，殘酷絕倫，二十名青年學生，被割去耳鼻及生殖器，然後用刺刀戮死！

在台北方面：自三月八日至十二日為止，足足殺四晝夜。市民為了買糧外出，輒遭射殺，因此馬路上、小巷內、鐵道邊，到處都有死人，鮮紅的血，模糊的肉，比二二八日更多了幾十倍。蔣軍抵達台北時，在鐵路管理委員會裏面辦事的三十

餘名青年一時逃避不及,被蔣軍捕獲,一律自三層樓上擲下,跌得頭破骨折,血肉狼籍,不死者再補一刺刀,無一幸免。

在戒嚴當中,廣播電台天天傳達警備司令部的命令:一切公務人員必須立即上班,一切學生必須照常上課,一切工人必須照常上工。但是上了班的公務人員,個個都死在十字街頭;上了課的學生都一批批的死在學校門口;上了工的工人都一去不復返。這些屍體都被投入淡水河裏,以至黃色的河水都變了紅色,腐爛的屍體,一個一個的浮上了水面,其慘狀令人不敢正視。

其他各地的屠殺都是照基隆、台北的原版翻印,全省被殺死的不下一萬人。大屠殺之後,就是大逮捕,市民一卡車兩卡車的捕,學生青年也捕,工人農民也捕,資本家地主也捕,官吏士紳也捕。其中有法院的院長、推事、檢察官,有大學教授、新聞社長、國大代表、參議員,有監獄長、看守長,也有律師和醫生,應有盡有。全省被捕者不下五千人,後來,這些人大部份也被殺死,或不知下落了。

據某氏由警備司令部調查室抄出來的名單,於去年三月中,台灣著名士紳之中,被殺死,被捕,被通緝的有如下之多。這些人包括各界,其範圍之廣由此可知。

(一)被殺者:

張七郎(國大代表、醫師、其二子也被殺),林連宗(國大代表、省參議員、律師),林茂生(國民參政員、台大文學院長、民報社長),王添灯(省參議員、台灣茶商公會會長),楊元丁(基隆市參議會副議長),葉秋木(屏東市參議會副議長),黃賜(高雄市參議員),王石定(高雄市參議員),許秋棕(高雄市參議員),潘木枝(嘉義市參議員),

盧鈵欽（嘉義市參議員），陳澄波（嘉義市參議員、畫家），柯麟（嘉義市參議員），黃朝生（台北市參議員、醫師），李仁貴（台北市參議員），陳屋（台北市參議員），徐春卿（台北市參議員），吳鴻棋（台北高等法院推事），王育霖（前新竹地方法院檢察官、建國中學教員），林桂端（律師），李瑞漢（律師），李瑞峯（律師），宋斐如（人民導報社長、前長官公署教育處副處長），吳金鍊（新生報日文版總編輯），阮朝日（新生報總經理），林界（新生報印刷廠長），邱金山（新生報高雄分社主任），蘇憲章（新生報嘉義分社主任），黃媽典（省商會聯合會常務理事），湯德章（台南市人權保障委員會主任、律師），蘇耀邦（宜蘭農業學校校長），郭章垣（省立宜蘭醫院院長），陳復志（三青團嘉義分團總幹事），張宗仁（花蓮中學校長、張七郎的長男），許錫謙（三青團花蓮分團總幹事），張果仁（花蓮中學教員、張七郎的三男），陳忻（台灣信託及大公企業公司董事長），施江南（四方醫院院長、醫學博士），廖進平（政治建設協會理事），陳能通（淡水中學校長），黃阿純（淡水中學教員），顧尚太郎（醫師），涂光明（高雄市政府敵產清查室主任），曾鳳鳴（高雄人，經歷未詳），林介（高雄人，經歷未詳）。

　　（二）被捕者：

　　林宗賢（國民參政員、中外日報董事長），郭國基（省參議員），林日高（省參議員），洪約白（省參議員），馬有岳（省參議員），潘渠源（台北市參議會副議長），駱水源（台北市參議員），簡檉堉（台北市參議員），黃定火（台北市參議員），陳華宗（台南縣參議會議長），蔡丁贊（台南縣參議員），吳新榮（台南縣參議員），林連城（台中市參議員），

莊垂勝（台中圖書館長），陳萬福（台中縣參議員），林糊（台中縣參議員），李金聰（高雄市參議員），郭萬枝（高雄市參議員），詹榮岸（高雄縣參議員），陳崑崙（高雄縣參議員），饒維岳（台中地方法院院長），葉作樂（台中地方法院推事），賴耿松（花蓮地方法院推事），陳世榮（台中地方法院檢察官），鄭松筠（花蓮地方法院檢察官），賴遠輝（台中監獄典獄長），林有福（台中地方法院書記），蔡玉杯（台中地方法院書記），陳長庚（台中地方法院書記），莊孟侯（三青團台南分團總幹事），黃師樵（新竹縣圖書館長），林克繩（台中市消防隊副隊長），鄭四川（台南工學院教師），鍾逸仁（和平日報嘉義分社主任），蔡鐵城（和平日報記者）。

（三）被通緝者：

一九四七年六月五日，台灣警備總司令部向台北高等法院檢察處控訴三十名「內亂罪」嫌疑犯，其中包括已經在三月中被虐殺了的七名，其姓名如下：

王添灯、黃朝生、李仁貴、廖進平、陳屋、徐春卿、林連宗（以上七名通緝前已被殺）；蔣渭川、張晴川、白成枝、呂伯雄、鄧進益、潘渠源、王明貴、駱水源、陳瑞安、張忠誠、張武曲、顏欽賢（以上十二名後來向當局自新）；謝雪紅、林樑材、王萬得、潘欽信、蘇新（以上五名均離開台灣到國內或海外）；廖文奎、廖文毅（此兩兄弟，一個在香港，一個在上海，勾結美帝，陰謀「託管」或「獨立」運動）；林日高、郭國基（此兩人被捕，後判無罪）。

七、海外台胞對於「民變」的響應

　　三月四日,旅滬台灣同鄉會,上海台灣同學會等六團體組織「台灣二二八慘案聯合後援會」,向南京政府要求徹查真相,並決議下記幾點:
1. 廢除台灣長官公署各種政治壓制與經濟統制制度,及公署所定不合理之一切措施。
2. 立即取消專賣局和貿易局。
3. 實行地方自治,任用台灣人治理台省。
4. 嚴懲兇手,撫恤傷亡。
5. 組織台灣二二八事件調查慰問團。
6. 晉京請願,發表告全國同胞書。

　　三月六日,旅平台灣同鄉會召開聯席會議,議決:通電南京政府,要求調查真相,查辦陳儀,並發表告同胞書。另方面北大台籍學生,在校內發行壁報,向全體同學報告台灣慘案真相。

　　三月九日,台灣旅滬六團體,晉京請願,提出五項要求:
1. 立刻准許台灣實施地方自治,省縣市長一律民選。
2. 廢除長官公署制度及其他一切特殊法令或措施。
3. 懲辦陳儀及軍政實際負責人。
4. 取消台灣特有之專賣及省營貿易。
5. 撫恤傷亡,立即釋放被捕民眾。

　　另外發表聲明書,反對中央派兵鎮壓。

八、中共中央向台灣同胞廣播

三月八日，中共中央，獲悉蔣介石已派兩個師赴台鎮壓台灣人民的消息之後，立即由新華社電台，向台灣同胞廣播，一面熱烈頌揚台胞的英勇鬥爭，一面貢獻給台胞許多寶貴的經驗，和正確的指示，其內容如下：

「台灣人民和平的自治運動，由於蔣介石政府的武裝大屠殺，迫得起而自衛，已發展為武裝鬥爭。台灣人民所組織的『二二八慘案處理委員會』通過了『改革台省政治建議案』卅二條（按：是指王添灯氏提案的卅二條），並頒佈命令於三月十五日以前，成立政務局，其委員由台省各地人民普選產生，同時又命令接收蔣政府在台灣以『公營』為名的四大家族獨佔企業。二月廿八日事變發生後，蔣介石不但不悔悟，反而加緊其武裝的進攻，開往台灣者有兩個師，即廿一師與廿師，蔣介石並派了白崇禧、朱紹良等往台灣指揮，蔣介石的意圖顯然地想把台灣人民的自治運動，淹沒在血海中（按：那時候，內外新聞盛傳朱紹良將繼陳儀為台灣省長，但後來沒有實現過）。

如果略為溫習抗戰勝利以後台灣發展的歷史，就可以知道台灣的自治運動完全是合理的，合法的，和平的，它的所以變成武裝鬥爭，完全是由於蔣介石迫出來的。蔣介石對於台灣的統治，其野蠻程度，超過了日本帝國主義，台灣人民在蔣介石法西斯統治之下的生活，比當日本帝國主義的亡國奴還要痛苦。不少訪問過台灣的中外記者，老早就指出了這一點，蔣孔陳宋四大家族以劫收和專賣的方

法，完全壟斷了台灣的經濟，這批中國封建法西斯，對於台灣人民的掠奪如此殘酷，簡直連一脈生機，也不留給他們。最近由於蔣介石拼命在打內戰，在台灣征兵，征糧，使台灣人民更加求生無路。台灣人民的要求是極其平凡的，不過是要自治，廢除專賣制度，要台灣人民能在台灣當行政官吏等而已。蔣介石既然『還政於民』，台灣人民提出如此合理的要求，採取合法和平的手段，以求其實現，有何理由不答應他們？然而蔣介石竟不但不答應，反以比日本法西斯更殘忍的手段來加以鎮壓。二月廿八日的慘案中，台胞死傷者至少二三千人，其殘暴程度曠古未有，蔣介石的所謂『還政於民』，所謂『民主憲法』，在這裏又一次完全暴露了其純粹欺騙的性質。台灣人民的武裝自衛，因此乃是被迫的，是必要的，是正義的，是正確的。台灣人民的自治運動，在其目的沒有達到以前，是一定不會停止的，欺騙與鎮壓都是只能激起台胞更大的憤怒而已。僅僅為了要求自治就非武裝不可，這不僅是台灣的經驗如此，解放區的經驗也是一樣，中共二十餘年的鬥爭，其目的之一也就是地方自治，在這廿餘年的鬥爭中，我們已有很充份的爭取自治的經驗來貢獻給全國人民和台灣同胞作為借鑑。

　　我們要告訴台灣同胞，你們以和平方法爭取自治，和在蔣介石武裝進攻之下，採取武裝自衛的手段，我們對此是完全同情的，你們的鬥爭就是我們的鬥爭，你們的勝利就是我們的勝利，解放區軍民必定以自己的奮鬥來聲援你們，幫助你們！

　　我們要貢獻給台灣同胞以下的幾點經驗，以便台胞的

自治運動能達到勝利的目的。

第一：武裝鬥爭既已開始，必須反對妥協，反對出賣，須知對法西斯蔣介石妥協投降，將使台胞受到蔣介石最殘暴的血洗，任何上層領袖，如果主張妥協，就是叛賣台胞，就應該堅決把他清洗出去，驅逐出去！只要堅決反對妥協，反對出賣，堅持下去，台胞的自治運動就一定會得到勝利。

第二：處理委員會通過的卅二條綱領是好的，應該堅決為其實現而鬥爭，接收蔣政府財產供作自治運動的經費，和建立民主的『政務局』為自治機關的初步，這些都是對的。除此之外，應立即成立『軍務局』，將武裝的人民組成台灣人民自治的武裝隊伍，把廣大的勞動人民武裝起來，並指揮這些武裝為自衛和平爭取自治而奮鬥。由於蔣介石決心向台胞作更大的武裝進攻，因而武裝鬥爭成為極其重要的鬥爭形式，應該很快的把『軍務局』成立起來，並組織基幹的正規自治軍，掌握在最忠心最堅決最有力的革命者的手裏。

第三：應當立即設法滿足勞苦人民的經濟要求，在城市中把日本人的房屋和蔣介石的財產分配給工人平民，組織工會和工人糾察隊，組織城市貧民團體及其武裝。在鄉村要滿足農民的經濟要求，如減租減息，耕者有其田，並把他們組織起來，自治運動才真正有了力量，自治的綱領也才會實現，這就是真正切實的照顧了各階層的利益。如果不這樣做，以照顧各階層的利益為藉口，來阻礙勞苦大眾的發動，則運動就沒有力量，就會有失敗的可能，因而，就無法照顧各階層的利益，實際上乃是叛賣了全體台

胞的利益。

第四：為了使自治運動取得勝利，必須有堅強的政治團體來做領導，這個團體對自治運動的敵人能堅強不屈的鬥爭，對於敵人派在自治運動中的內奸能夠加以識別和肅清，參加自治運動的各黨派各團體和個人應當團結在自治而堅決奮鬥的陣線中，這個陣線中所有的黨派都應當互相團結，互相幫助，並且大家得到自己的發展，使這個共同的陣線成為自治運動中堅強的核心，這個陣線應該公開出來指導自治運動，以免自治運動的領導機關被動搖分子所出賣或被反動派的內奸所篡奪，必須時時警惕自治運動內部的叛賣是比外面的敵人更兇惡的敵人。

第五：必須立刻訓練大批的幹部派到各地方去，派到城市和農村去，領導武裝，領導政務工作，訓練得愈多愈快愈好，派出得愈普遍愈好。台灣人民的文化程度比較高的，這是一個便利的條件，可以一開始就能夠從勞苦人民中多訓練出幹部來。

第六：蔣介石對於台灣自治運動的方針，是加以猛烈的鎮壓，在不久的將來，這個運動的中心由大城市到小城市和農村中去是不可免的，要迅速在蔣軍鞭長莫及的地方，派出重要的領導人員和大批幹部去建立自治運動的根據地，把接收的資材運到這些地方去，並適當地分散開來，建設起長期支持自治運動的財政基礎。把這裏的人民武裝起來，堅決的採取步驟滿足這裏勞苦人民的經濟要求，大城市及其周圍，將來蔣軍來後，不可免的變成為戰場，該地的工作應當以此為著眼點。

中國解放區有無數經驗可以供獻給台灣同胞，上述

的幾點是當前對於台胞最重要的。台灣的自治運動,無疑的還會經過許多曲折,但是他一定勝利,而且時間是不會很久的。蔣介石決心以武力反對台灣的自治運動,但是他的兵力已經非常枯竭,現在調往台灣的兩個師,是原來駐在台灣而後來調去參加內戰的,其廿一師是在徐州戰場那裏。蔣軍從十二月下旬以來,一連被殲五個整師,十六個整旅,正在痛感兵力不足,廿一師戰鬥力薄弱,其新七旅已被全部殲滅,兩個師一共只有三萬八千人,只要台胞採取堅決的立場,這些兵力決無辦法鎮壓燃燒全台灣的自治運動。蔣介石再要加派兵力到台灣去是不可能的了,相反的,如果蔣管區各地都有自治運動,解放區戰場再打幾個勝仗,蔣介石的兵力將更感不足,對於台胞的壓力就會減輕。因此台灣同胞的自治運動是一定勝利,而且不久就要勝利的!中國共產黨人熱烈頌揚台胞的英勇奮鬥,而且預祝台胞的光榮勝利。」

但是,可惜這個廣播傳到台灣時,蔣軍的援軍已開到基隆,開始屠殺,革命陣線陷於混亂,已來不及實行這些正確的指示。但中共中央的這個廣播,使台灣人民認識了誰是他們的朋友和領導者。

九、「二二八民變」的經驗與教訓

從前面說過的各種鬥爭情形來看,很明顯地,「二二八民變」是台灣全省人民一齊起來反抗國民黨統治,要求民主自治的鬥爭,當時雖有普遍地毆打「外省人」,似有排外思想的傾

向，但這是對反動官僚的反抗，並不是要求「台灣獨立」的鬥爭，實際上，在這次鬥爭中，並沒有發現過類似「台灣獨立」的口號。

台灣的「光復」，為時未及兩年，在這短短的期間中，當然不會很快地建立起強大的民主革命力量，所以當時在台灣革命與反革命力量的對比甚差，且當時國內蔣軍還尚未被人民解放軍大量消滅，因此蔣軍得派兩個師到台鎮壓，結果「二二八民變」失敗了。

「二二八民變」失敗的原因，除了革命力量與反動力量懸殊之外，我們還可以指出如下幾點：

（一）事前沒有足夠的準備。誰都沒有估計到在很短的期間內會發生過這麼大的民變。因為台灣收復後新的革命領導者未及深入羣眾，去了解羣眾的情況，假如有深入到羣眾裏去，一定會發現了台灣人民反抗蔣政權情緒的普遍和高度，也就能有些應付和領導的準備。假如有了準備，就是失敗了，也能夠得到更多的成就。又國民黨接收台灣的當初，新的領導者不敢放膽發展工作，沒有抓住陳儀與其他派系的矛盾，聯繫反陳儀的台灣進步士紳（如王添灯、宋斐如等），去擴大羣眾基礎，建立起一個廣泛的統一戰線，因為這些人得到多數人民的擁護，有相當大的號召力量，甚且可能接受革命陣營的領導。

（二）沒有抓緊時機，動員羣眾，消滅敵人的武力，致使敵人有時間調動兵力或搬走武器，以集中力量來對人民反攻。鬥爭初暴發的時候，學生當然是有很大的作用，但過高估計學生的力量，沒有把學生作為先鋒隊，分配學生到市民和農村中去結合羣眾，加強力量。

（三）鬥爭開始後，過於偏重政治問題而輕視經濟問題。

應當立即設法滿足貧苦市民、工人、農民的經濟要求，沒收的蔣家財產不應該焚毀，而應該分配給市民、工人、農民。「處委會」所通過的「要求條件」中，很少代表工人和農民的經濟利益，如增加工資、救濟失業、減租減息、耕者有其田等等。在這次民變當中，不能動員工人和農民起來參加，其最大原因也是在於這裏。如果不能滿足工人農民的經濟要求，想要組織工人農民是很困難的。如果不能組織工人和農民起來參加鬥爭，一切的鬥爭都沒有力量，都不能得到勝利的保障。

（四）民變當中沒有鎮壓反革命份子，如罪大惡極的縣長、市長、及其他特務份子，應該拘捕槍決，以鼓勵羣眾更堅決的鬥爭。鬥爭既已開始，必須反對妥協，在「處委員」應該堅決地把所有的妥協份子清除出去，但因缺少這種鬥爭，致使各地的「處理委員會」，都成了「談判」的機構，好像在人民與政府中間的「調解人」，這不但抑壓了羣眾鬥爭的情緒，甚且對民眾散佈了「事件可以和平解決」的幻想。結果，整個「處理委員會」出賣了台胞，使台胞飽受了蔣介石最殘暴的血的掃蕩。

（五）沒有進行教育人民的工作。應該與對中央的幻想作不斷的思想鬥爭，以教育羣眾，提高羣眾的警覺心，警戒敵人的欺騙，提防敵人的反攻工作。但是由於沒有重視這種工作，致使大部份人民不能清楚地看破陳儀的騙局，而上了他的大當。

（六）放棄領導統一戰線的立場，不堅持領導權。例如台中方面把軍權交給反動派選出的吳振武，結果不但瓦解了台中地方的人民武裝，甚且失去了全省武裝鬥爭的支柱。這雖然不是失敗的唯一原因，但如果能把握著領導權，就是失敗，也會得到更多的戰果。

（七）鬥爭開始時，過於輕視敵人，其後卻過於懼怕敵人。應該正確地估計敵人的整個力量。「知己知彼」，「不輕敵」，然後才能進退，戰勝敵人。

　　（八）為了取得勝利，必須有堅強的包括各階層的政治團體出來公開領導。而在這種全民暴動的當中，是比較容易建立起這種政治團體。像這次的大規模的羣眾運動是不會常有的，所以台灣革命的領導者，應該公開提出台灣人民的政治要求，通過這個統一戰線的政治團體，來團結台灣各黨派各團體和個人。在地下是很難教育羣眾的，如果公開提出政治主張，不但會得到羣眾的批評，增加工作的經驗和教訓。而且事後也能使羣眾認識這些主張的正確，得到羣眾的擁護，因而造成將來革命鬥爭的廣大基礎。

　　台灣「二二八民變」雖然失敗了，但台灣人民卻得到了許多寶貴的經驗與教訓：

　　（一）日本帝國主義統治台灣的初期，雖然有了不斷的武裝鬥爭，但到了後期，就沒有像這次這樣大規模的武裝暴動，國民黨統治台灣僅一年多，就爆發了全省的民變，只這一點就暴露了國民黨的無能，說明了人民如有組織力量，就能夠消滅它。另一方面，向來國民黨常以種種的手段欺騙人民，但這次事件又證明了國民黨殘忍暴虐的統治。經過這次無人道的屠殺，造成了台灣今後反蔣、要求自治的羣眾基礎。

　　（二）收復當初，台灣人民以為蔣軍是代表祖國來的，台灣大部份人民，都不清楚地認識國民黨的真面目，不僅歡迎它，甚且幫忙它，但由於這次鬥爭的經驗教訓，每個台灣人民都很清楚了，國民黨是人民的敵人。台灣「三青團」亦起來參加暴動，這不是敵人的內部矛盾，而是證明台灣人民全體對蔣

政權的不滿。經過這次鬥爭，台灣人民過去對國民黨的一切幻想都放棄了。另一方面，這次血的教訓，使台灣人民認識了「和平鬥爭」及「議會鬥爭」，是不能得到勝利的，只有武裝鬥爭，才能得到勝利。台灣革命的領導者，和一般羣眾，由這次民變，也得到了許多武裝鬥爭的經驗和教訓。

（三）沒有這次暴動，就不能發現許多反蔣、自治運動的積極份子，來擴大台灣革命陣營的基礎。中共中央對於這次台灣人民的鬥爭，立即加以鼓舞、頌揚，而且予以正確的指示，使台灣人民認識了誰是他們的朋友、是他們的領導者。尤其是台灣的共產黨人，鬥爭一開始，就自動地負起了責任，不逃避，勇敢領導羣眾，堅決鬥爭，消滅敵人的力量，因此獲得了廣大羣眾的信任，擴大了中國共產黨的政治影響和其後在台灣大量發展的基礎。

（四）對於國內解放戰爭也有了很大的幫助。當時蔣軍在山東急需用兵，蘇北也缺少兵力，抽調兩個師到台，對蘇北戰爭的影響很大。另一方面，對蔣區尤其是上海的羣眾運動，亦有很大的幫助。台灣的解放鬥爭已經與國內的解放戰爭打成了一片，不能分開了。

第十一章
美帝國主義在台灣

一、美帝在台灣的軍事侵略

　　一九四五年十月蔣軍進駐台灣以前，美陸海空軍的一部份就先進駐了台灣。因為當時在台日軍尚有四十萬未繳械，蔣軍恐有突變，不敢單獨登陸，而由美軍先上岸，與日軍打交道，探探虛實，之後才進駐了。這些美軍幫助蔣軍接收軍事方面的工作，同時幫助蔣軍遣送日軍、日俘、日僑。但這是表面，在裏面美陸軍情報部摩根上校（Col. Morgan）卻動員一切特務人員及日台人情報員到台灣各地，調查日軍的各種軍事設備及其他台灣的實際情形。

　　一九四六年十月廿五日前後，蔣介石、宋子文、麥克阿瑟三人，曾在台北草山賓館，密商出賣台灣的條件，據「國新社」訊，其有關軍事方面的主要條件是：國民黨政府承認美國在台灣的特殊地位，准許美國在台灣建設軍事基地。

　　蔣政權發動內戰以後，由於需要美帝的援助，一方面，聘請美帝軍事顧問團駐在南京，指揮蔣軍的作戰，同時把台灣的軍事權益送給美帝，這是一九四七年五月下旬的事。而六月初，美帝軍事顧問團就從南京到台北，一行約二十餘人，其中大部份是一九四五年冬至一九四六年春到過台灣的美國官佐。

　　一九四七年八月十一日，魏德邁也到台灣來調查，當然在軍事上所負的任務，也可想而知，但卻特別對台灣省參議會議長聲明，「美國對台灣並沒有領土的野心」。

　　自從這個時候至目前為止，美帝海陸空軍在台灣的活動，我們可以由下記各種事實，得到一個「概況」。

　　空軍方面：魏德邁到台後，經過兩個月的準備，美帝空軍就從琉球抽調了一部份 B-17 型轟炸機，P-38 型戰鬥機和偵察

機，在台北松山飛機場建立了基地，開始自設電台與來往機羣連絡，供給飛行氣候報告，和維持平常的通訊。

由於空軍較為機動迅速，所以美帝在台灣的空軍，比海軍和陸軍的力量較為強大。據台灣警備司令部高級軍官透露，一九四七年八月三日，美空軍從馬尼拉方面運來飛機用油三萬桶（每桶以五十三加侖計算，約一百六十萬加侖，以每小時飛行需油八十加侖計算，足以維持二十萬小時飛行，航程三億六千哩），當時這批汽油是由台灣警備部廿三汽車兵團擔任從基隆運到台北的工作。

這支美帝空軍平時擁有 B-17 型轟炸機四架，C-46 型運輸機二架，常駐台北松山飛機場。它是屬於美太平洋第十三航空隊的。美帝在台的空軍人員，除了飛行以外，常在台北勵志社住宿和工作。他們的主要任務，首先是攝取台灣全島的地形照片，在勵志社即有美軍設置的照相暗房，這項工作，已經於一九四七年底完成了，而根據這些照片，在菲島飛機場繪製各種地圖，甚至將軍略要地製成地形模型。

他們的另一種任務，就是實驗台灣全島及附近的氣流情形，研究飛行的適應性及航路，所以無論在雷雨暴風，或大霧的時候，也經常起飛。據台灣報紙的消息，一九四八年八月五日，有一架 B-17 型在台東失事，同月八日又一架失蹤了。從他們的冒險程度也可以估計到其用心之苦。他們同時擔任偵察工作，北至日本南達菲島。

台南機場也是隸屬台北十三航空隊的起降場站，從一九四八年七月五日起，台南機場禁止中國民航機使用，完全交給美帝空軍。美帝從菲島運來二百架蚊式飛機，經過半年的時間，才完成了這項工作。

新竹機場（這是從前日帝在台最大的空軍基地）最近也已撥交給美帝空軍。中國空軍方面，調去一批地勤人員協助美軍整理機場。

　　由於蔣軍全面的潰敗，蔣府空軍已做遷台的準備，空軍總部人員及其眷屬，已於一九四八年十二月中，全部遷入台灣，筧橋空校也準備移到台中，上海江灣飛機場的大部分器材已積極運往新竹，對於蔣府空軍的搬家，美帝空軍已花了不少的氣力。

　　美帝在南京的軍事顧問團，也開始籌劃遷台，去年十一月四日，已派詹生上校（Col. Jenson）到台北找尋辦公地址，顧問團的空軍組今後常有四、五架 C-47 型機在松山機場。同時顧問團駐成都的航空隊也決定移駐台北。

　　由這些趨勢看來，美帝在台的空軍力量，正在急劇地增加中。

　　海軍方面：美帝海軍侵略台灣的實際情形，比較難於獲得確切的情報，不過從蔣府把台灣海港權讓給美帝的經過，也可以推其一般情況。

　　早在一九四七年五月下旬，美帝就從蔣政府取得了基隆港的使用權。據說，是預定把台灣省商業港移往高雄，而讓美帝海軍長駐基隆，但由於基隆是目前台灣吐納口，高雄港未有代替基隆的條件，高雄港及基隆港內的沉毀船隻也未撈清，所以這項計劃未見於實現。

　　但去年春天，美帝駐青島的柯克艦隊訪問過台灣，這兩艘巡洋艦有二千多水兵，自然這次柯克的「訪問」，無疑的是到基隆實地調查一番，進一步作駐台的準備。柯克在台三天中，還到過高雄一次，隨後，蔣政府就正式發表：青島和基隆為美

帝海軍可以自由碇泊的港口。

據基隆港務局發表：目前基隆正趕修外防波堤及四號碼頭的倉庫，以備將來美帝海軍進駐基隆時之用。基隆又有水上機場兩處，也正在修建中，這是屬於美帝海軍的航空部隊的。

基隆方面的美海軍，現在是屬於白吉爾艦隊的一部份，正如台北的美空軍屬於第十三航空隊一樣，而它的補給則來自菲島，因為現在美帝在中國的主要海軍基地還是青島，不是台灣。但台灣不久之將來，將會與青島佔同等重要性，而成為南北呼應之局。依照美帝所擬的西太平洋的海岸封鎖線，即是北起北海道，經南韓、青島、琉球、台灣、菲島，以達海南島。在這條反蘇、反共，進攻中國，控制南洋的前哨線，台灣是不可缺的一環。

去年八月四日，美驅逐艦 Uss. Shenterland 和 Uss. Franknos 號，由馬尼拉駛來基隆再駛往青島。這種「訪問」今後是不會停止的，實際上，這種不間斷的「訪問」和常駐基隆是沒有什麼分別的。

最近，由於蔣政權的急速崩潰，美帝已考慮將整個青島的海軍遷來台灣西南的澎湖島。澎湖的馬公島原來是日本海軍根據地，軍事上佔非常重要的位置，因為目前還沒有第二個商業港可以代替基隆，所以美帝急不及待的將目標轉向澎湖去了。

據報，蔣府海軍總部已搬到台灣，辦公地址可能是高雄的左營。左營是日人在太平洋戰爭中以十年計劃開始建築而未完成的遠東第一軍港，日本投降後，由蔣府海軍接收，在美海軍監督之下，還在繼續建築工事，與西北的馬公相望，也將成為美海軍的根據地。

陸軍方面：目前美陸軍在台灣，其數目不多，是南京聯

合顧問團的陸軍組人員，它的主要任務是幫助蔣府在鳳山屏東一帶訓練新軍，現有十二個軍官訓練小組和十二個士兵訓練小組。他們訓練一些中下級幹部，教授新式武器的使用。最近已由馬尼拉運來大批新式武器，每次的實地戰鬥演習，都由美軍顧問團指揮。新軍的編制，完全是美國式。關於軍需補給方面，另設獨立機構「經理處」負責，蔣府的陸軍總部不得過問，美帝軍官說：這樣做，是為了防止「吃空額」和貪污的機會。

值得注意的是：美帝就利用訓練新軍的機會，企圖干預台灣的政治問題，據一位陸訓司令部高級人員透露，蔣府同意以美軍裝備蔣軍十個師為條件，把台灣讓給美帝託治（看後文）。

台灣陸訓司令是孫立人，他在美受過軍事教育，抗戰中奉美帝之令，在印緬擔任軍職，任孫立人為陸訓司令，當然是美帝安排的一著棋。他在台灣使美帝的軍事侵略得到許多方便。在於必要時，美帝可以命孫立人不必向南京打交道。

又一九四七年十月間，據美領事館透露，駐馬尼拉的美軍司令，曾秘密地來過台灣，與魏道明、彭孟緝、紐先銘等會商軍事問題，這暗示了美帝對台灣的軍事侵略，從此時就已入了具體階段。

自從「二二八民變」以後，美帝一方面收買了一部分台灣劣紳陰謀「託管」或「獨立」運動，企圖政治上的分割台灣（看後文），為了實現這種政治目的，美帝在軍事上加強侵略是必然的。蔣政權正在搖搖欲墜之時，美帝這種軍事侵略，對於台灣人民的解放，是一種很大的威脅。

二、美帝在台灣的經濟侵略

美帝對台灣的經濟侵略，現在已進行到什麼程度，目前很難獲得具體的情報。因為美蔣雙方都未曾公布美帝資本向台灣各種企業投資的具體數字，我們祇能夠從美蔣之間的各種有關台灣問題的密商及美帝國資本在台灣活動的各種現象，加以判斷而已。

首先，蔣政府接收台灣時，美軍就以「幫助軍事接收」及「幫助軍事基地的修復」等名義，湧到台灣（看前文），同時也以「幫助台灣產業復興」的名義，派遣許多技術人員到台灣控制了各種重要企業的技術部門，例如高雄水泥工廠，高雄鋁業工廠及台中第三飛機場的技術人員，均為美國人所獨佔。美國通訊社曾誇言台灣水泥和台灣鋁業已恢復了戰前水平甚至超過戰前水平，是由於美國技術的監督。

一九四六年十月五日前後，麥克阿瑟飛到台灣與蔣介石、宋子文會商時，對於美國在台灣的經濟活動也有所決定。據「國新社」訊：蔣宋承認下記幾條美國的要求：（一）美國私人資本可以在台灣自由經營各種企業。（二）以美國資本恢復建設日人未完成的「東勢水力發電廠」。（三）開放基隆及高雄為國際自由港。（四）美軍指揮下的日籍人員及美國在台灣創辦的各種工廠中服務的日籍工作人員和其眷屬，均得享受在台灣特別居住權，中國官吏不得過問等等。

當「二二八民變」後台灣省政府改組的時候，美帝便命令蔣府任命美帝的御用人物魏道明主政台灣，以便實行美帝對台灣的政策。魏道明到台灣後不足二月，台灣到處便可看到大腹便便的美國人，美國重要工廠或企業組織，紛紛在台灣設立分

行或辦事處。福特、道濟等汽車公司即做了大筆的生意。

　　美國的私人資本在台灣的活動，到現在可以看到的有：上海的某美國巨商在台北買了七家鐵工廠，價值達一千萬美元。這些工廠原是日人的私家經營，後來被蔣府所接收，之後標賣給台灣人資本家，但由於官僚資本控制了台灣的全體經濟，機材、原料無法入口，台灣資本家無辦法經營，不得不再賣給美國資本家。美國私人資本在台灣，蔣府官僚資本是控制不及的。在高雄又有一家美國人經營的「盤尼西林」和「DDT」的製藥廠。

　　目前在台灣個別的美國私人資本，其數量料不會多，但是滲入四大家族的官僚資本裏面的美帝國家資本的數量是驚人的。蔣政府由日人接收過來的各種產業分為：國營、省營、國省共營三種。而所謂「國營企業」是「資源委員會」直接經營的，它包括水泥、鋁業、糖業、電力、金銅礦五個企業部門。中國資源委員會，如所周知，美國資本佔了三分之一。祗就台灣糖業公司一項而言，該公司有四十二家製糖廠，這四十二家是日人經營的糖廠，佔了十四萬甲肥沃的土地（台灣可耕土地總面積也只有八十八萬七千餘甲）。這些土地是日人用高壓強迫的手段，從台灣農民掠奪過去的，而現在已變成了美蔣的財產。祗糖業公司一項，美帝在台灣就侵佔這麼多的財產，如合其他鋁業、電力、水泥、金銅礦四項，那麼，美帝侵佔台灣的產業，是無法估計了。近來蔣府又歡迎美國投資台灣工礦建設事業，其資本據說將達三十億美元以上。

　　不但如此，還有所謂「經合署」的「援華計劃」，而台灣是在其「計劃」中，佔一大部分。現在正進行著復興電力、糖業、肥料、鐵路等四項工程，經費共達一千二百萬美元。蔣政

權全部垮台已迫在眼前的今日,「經合署」的發言人還說:
「美國並不在其遠東計劃將台灣一筆勾銷」。這就是意味著:
假使蔣政權垮台之後,美國也不願放棄台灣。

三、美帝在台灣的政治陰謀

　　配合上面所說的軍事及經濟侵略,美帝又對台灣進行著惡辣的政治陰謀。大部份的人都很容易理解或看破美帝的軍事和經濟侵略,但對於這種政治陰謀卻很少人注意到。因為表面上是台灣人自己出來活動,或作為台灣人自發的運動,加以渲染擴大宣傳。但實際上,這些政治陰謀份子大都是美帝的間諜,美帝經營的或有美帝臭味的學校、病院和教會裏面,都埋伏著許多美帝的間諜,而再加上了一些親美份子,形成了很有系統的「第五縱隊」。

　　台灣收復後不久,一九四六年一月至四月,美陸軍情報部在台灣曾作過一次所謂「台灣民意測驗」。由副領事卡兒(Kerr)計劃,由情報組長摩根上校(Col. Morgan)伴同日人通譯員,公開訪問各階層、各政治思想及各政治派別的台灣人談話,由「出生」問起,問學歷經歷,問到「對中國政府及中共的看法」和「台灣的將來」等問題。這樣,費了三個月的日子,訪問過三百多名台灣人。不久之後,卡兒和摩根兩人就相繼離開台灣,到南京或東京去。美帝對台灣的政治陰謀,可能是根據這次「民意測驗」的結果。

　　台灣收復當初,天真的台灣人民都熱烈歡迎過蔣軍和蔣官,但這些蔣軍和蔣官,一到台灣,就開始揩油,貪污,姦淫,所以很短的期間內,台灣人民就從希望轉為失望,從失望

到絕望,再由絕望裏開始反抗。美陸軍情報部測驗台灣民意的時候,正是台灣人民在失望和絕望的當中,當然不會對美國情報員說蔣政府的好話,當然會說些「中國不好,美國很好」的應酬話。

於是,卡兒和摩根兩先生,就作了「台灣人不願受中國管,而希望美國來管」的結論。一九四六年五月間,台灣首次省參議會開會時參議員大喊「打倒貪官污吏」,不久「紐約時報」及上海「密勒氏評論報」就刊出評論說:「假如台灣實行公民投票,台灣人首先選擇美國,其次選擇日本,決沒有人選擇中國」。這也許是後來的「託管論」的伏筆,但此時台灣人民卻沒有什麼反應。

至「二二八民變」時及以後,美帝的陰謀,就公然暴露出來了。在騷動的羣眾中,及在「處理委員會」的爭論中,竟有不明身份的台灣青年和知識份子,喊出「要求美國援助」的煽動言論。

又據一九四八年二月十五和十六兩日的星加坡「南僑日報」的「內外通訊」:一九四七年三月八日,當台灣人民正與蔣軍大戰鬥的時候,美國香港總領事館某華籍情報員(俗稱曾博士),捏造一個「台灣民主聯盟」,而以該聯盟主席名義,向「聯合國組織」通電,最後說:「我們有自治政府和直接受聯合國組織監督的權利」。美國報紙就立即以重要位置,把這個消息報導出來,說是「台灣人向聯合國請願託管。」這樣,這個華籍美間諜就做了「台灣民主聯盟」的主席和「台灣託管運動」的首唱者。但這不過是一種試探性而已。

但是,這個通電竟喚起了住在上海的少數親美份子的活動。「南僑日報」指出:一九四七年六月中旬,上海「密勒氏

評論報」發現了一篇文章叫做（Scandal Renewed）有「台灣再解放聯盟」（The Formosan League for Re-emancipation）的署名。內容並沒有什麼特別主張，只是揭露陳儀在「二二八民變」中的屠殺情形，及發表三十名被通緝者的姓名和經歷而已。但這是有計劃的部署。

「南僑日報」駐滬特派員董湃說，據他獲悉：「台灣再解放聯盟」的主要幹部是廖文毅、廖文奎、王麗明等五六名，至於解放盟員多少，無從知道，或者是有幹部而無盟員。他又指出：一九四七年七月間，魏德邁來華時，廖文毅見過魏德邁，提出「處理台灣問題意見書」。

「意見書」的內容分為三部分，頭一部分是控告陳儀的十大罪狀——政治上的壓迫，經濟上的剝削，官吏的貪污舞弊，特務的橫行，對台灣人的歧視侮辱等等；第二部分是詳述「二二八民變」的情形及卅名被通緝者的詳細履歷等等，第三部分是建議台灣問題的處理辦法，以及希望美國的援助。第一及第二兩部分，在這裏是無關重要的，無須細述。第三部分不但是與以後的各種陰謀有關，並且可以說是那些親美分子的根本主張，故特別抄錄於下：

「經由這次民變，已經證明了中國無能統治台灣，現在台灣人民生活的痛苦已經到了極點，中國局勢日益趨於紊亂，中國政治絕不能在短期內走上軌道，因此等到中國時局澄清的時候，台灣人民料必餓死半數以上。台灣有台灣自身的特殊條件，現在台灣人民唯一的出路，只有爭取自決權，暫時脫離中國，不僅是不能避免而且是目前最有效的辦法，故希望美國援助台灣人，以達成如下的要求：

（一）大西洋憲章亦應實施於台灣。
（二）准台灣人派遣代表出席日本和約會議，而台灣代表在會議上，應賦予發言權。
（三）台灣的歸屬問題，應在對日和約會議重新討論，但必須尊重台灣人的意志，應舉行公民投票來決定。
（四）但在舉行公民投票以前，應准台灣人先脫離中國，而暫時置於『聯合國託治理事會』管理之下。
（五）『聯合國託治理事會』管理台灣，必須承認下記諸條件：
　　1. 除聯合國派遣政治、經濟、軍事、文化等顧問團以外，任何國人都不得在台灣任高級軍政官員，任何國家的軍隊不得駐屯台灣。
　　2. 託治期限，以二年為原則，最長不得超過三年。
　　3. 託治期間，台灣的行政、司法、治安、教育不受任何國家的干涉。
（六）託治期限結束的三個月以前，應舉行公民投票，以決定仍屬中國，或脫離中國，或屬他國或完全獨立。公民投票時，聯合國應組織代表團來監察。
（七）倘或公民投票的結果，要仍屬中國的時候，必須與中國政府簽約，在憲法上保障台灣為一自治領，台灣必須有獨自建軍的權利，中國軍隊不得駐屯台灣。
（八）倘或公民投票的結果，台灣人要求獨立的時候，聯合國託治理事會在台灣的機構，應立即退出台灣而使台灣成為永久中立國，避免將來戰禍。」

這個「意見書」交給魏德邁以後，自一九四七年十月以

來，美國通訊社就根據這個「意見書」的內容，加以渲染，擴大宣傳「台灣分離運動」。例如：一九四七年十月十四日美聯社上海電稱：

> 「本社記者今日獲悉：台灣分離運動的領袖們不久將正式要求出席日本和會，並將要求舉行公民投票，以便決定仍屬中國抑或完全脫離中國，現在此間的一個台灣領袖說：台灣人將以獲得自治而妥協，但將首先極力爭取完全脫離中國。另一個領袖自台來函，率直建議：除把台灣置於託治之下外，別無辦法拯救台灣人，台灣領袖相信在公民投票一定會獲得勝利。寫信的人說：現在台灣人有百分之九十九都極欲脫離中國，至少在國共之間守中立，我們正要求美國幫忙，但很遺憾的是在目前情況下，美國幫不了什麼忙。我們必須參加日本和會，並宣傳我們的民意。台灣的命運全靠和會了，如我們失去這次好機會，我們的艱苦命運就將繼續一個長時間。」

同年十月三十一日合眾社上海電又稱：

> 「台灣現正展開著秘密活動，企圖向將來舉行之日本和會請願，舉行台灣全民投票，倘不獲接納，將引起台灣流血叛變（中略）據台灣人談：近有組織良好之台籍地下工作份子，襲擊貪官污吏及匪兵，又繳去地方警察及防軍武器。該台人謂：世界上任何民族有權要求保障根本人權，即如大西洋憲章所列舉者。開羅會議決定將台灣劃歸中國，殊不公平，猶之慕尼黑會議之於捷克，英美兩國

簽署拋棄台灣，使台灣今日所處地位如此，英美應負其責！」

十一月三日合眾社上海電稱：

「此間台灣人今日對本社記者稱：彼等將於明日或本星期四晉京叩謁司徒大使，請求予以援助，俾台灣能獲得自主之權。（中略）關於此問題，彼等謂已準備呈文，向日本和談會議及聯合國呼籲。」

從這些美國通訊社的電訊和廖文毅向魏德邁提出的「意見書」的內容看來，我們就不難看出美國帝國主義者、台灣再解放聯盟、台灣託管運動、美國通訊社一連串的關係。到這個時候，「台灣託管運動」才以完整的形態出現了。

這個運動在台灣也同時發動。據一九四七年十月十五日香港「華商報」台北通訊稱：

由「台灣參政員聯誼會」某負責人透露出來的消息：日前美空軍某少校對某參政員說：「南京政府不久的將來一定要垮台，你們台灣人也應該準備後事了」。他對那個參政員暗示：南京政府垮台後，起來執政的一定是中共，但中共執政，對於台灣未必是幸福的。他說：「我不便與你詳談有關台灣問題，倘使你們要把台灣弄好，而覺得有求助於美國的必要，你可以去見美國新聞處長卡度（Cotlo）先生接洽」。後來某參政員經由某國領事館的通譯員台人某的介紹。接見美國新聞處長，密談兩個鐘

頭。據通譯員透露，美國新聞處長的意見是：
（一）開羅會議公報和波茨坦宣言雖然規定將台灣歸還中國，但對日和約未締結以前，台灣的歸屬實尚未正式確定。
（二）美國有意將大西洋憲章適用於台灣，那個時候，台灣人可以由自己的意志來決定台灣的歸屬。
（三）現在台灣是在麥克阿瑟元帥管轄之下，台灣人如有任何要求，可以向麥克阿瑟元帥請願。
（四）台灣人如願意脫離中國的統治，美國可以幫忙。
（五）台灣人如願意受美國託管，台灣人可以提出希望條件及託管期限。
（六）美國當盡量援助台灣的經濟建設，復興各種工業，以解決失業問題。
（七）南京政府垮台後，美國可以即時釋放「二二八民變」及其他一切政治犯，可以立即撤消征兵、征糧等政策。

當場，其參政員答覆：俟試探其他士紳的意見之後，再詳細討論，而未表示任何意見。但近日中，那個參政員和一些士紳，在北投、草山等地，頻頻會見美方人士，會見內容無從獲悉，但是我們可以看出美國在南京政府垮台以前，已經積極地拉攏台灣士紳，展開「託管運動」，預先造成侵略台灣的條件云云。

卡兒、摩根、卡度、廖文毅、廖文奎等這些「第五縱隊」的指揮員及一些親美份子，都以為「託管運動」會得到全體台灣人的接受及擁護，但事實證明了他們主觀的判斷是錯誤了。

「託管運動」一出現，就碰到各方面的一齊攻擊（上海、南京、北平、香港的旅外台胞，均發出抨擊「託管運動」的聲明書：南京、上海、台北、香港各報均有刊出，尤其是旅滬台灣同鄉會會長特為此廣播）。台灣蔣府特務機關，尤其是 CC 也就開始調查這種丟臉的「託管運動」的來龍去脈，結果向「中央」報告並指出：美國新聞處長卡度是這個運動的牽線人，利用「聯總」或美國的船，派遣情報員黃其男（編按：應為黃紀男）經常來往台、滬、京、港、日之間從事活動。由於美國「太不夠朋友」，南京就特派孫科到台灣實地調查，孫科到台後，就舉行「記者招待會」，公開攻擊美國新聞處及美國領事館。於是，卡度被調走，副領事及台籍通譯員也被撤職了。這是一九四八年三月的事。

繼卡度任台灣美國新聞處長的，是前漢口美國新聞處長康理嘉（Richard P. Conniun），他到台第三天就開了一個全台「情報員會議」，檢討過去「託管運動」的失敗，決定新的方針。據某台籍美間諜對他的朋友透露，新的方針是：

（一）今後不可再提「託管」，因為台人排外性強，不能接受。

（二）台人大多數反蔣，但又不願受外國統治，所以利用台人的反蔣情緒，煽動「獨立」。

（三）主要的目的是蔣政權垮台後，不要使台灣落入中共之手，為這目的，必須培養親美勢力，以控制將來台灣之政權。

（四）以台灣「獨立」為號召，組織民眾，進行反蔣運動，但在反蔣運動中，必須同時進行製造反蘇、反共、親美的情緒等等。

卡度離台後（一九四八年三月初），曾到廣州參加「美國海外情報員會議」，途經香港。三月八日，召集廖文毅、黃其男在領事館開會，授予新方針及在港的新計劃。

　　不久之後（一九四八年四五月），在香港就產生了一個有名無實，以廖文毅為主席的「台灣民眾聯盟」發表堂皇的「綱領政策」，名曰「台灣的出路」，其「基本綱領」的那一條說：「推翻蔣政權在台的反動統治，建立代表台灣各階層人民利益的民主獨立政府，待整個中國政治確已走上民主軌道之時，依人民投票以聯邦之一單位加入中國民主聯邦」，這不外是「先脫離中國，以公民投票來決定台灣的地位」的巧妙掩飾的說法，是上記第四條陰謀的具體表現。他們「反對台灣捲入中國內戰之漩渦」，又夢想「永世中立，與世界各國和平相處，不參加國際間之糾紛及戰爭」。但他們卻巧妙地東拉西湊，插入了幾條似乎代表人民利益的綱領政策，及幾句似乎他們也在反帝的文字，以便混亂視聽，隱蔽他們的陰謀。

　　「台灣民眾聯盟」的主要對象是知識份子和青年學生，這正符合著司徒雷登對中國知識份子及青年學生的呼籲。他們曾舉行過一次「青年訓練班」，那些受訓的青年，都不滿於他們的偽善和法西斯作風，上了幾次課，就一哄而散。他們又計劃在各學校設立支部，在台灣全體學生之間，進行「分離運動」，但他們的陰謀詭計，已無人不知，現在沒有一個青年會上他們的當，因此到處碰釘，無法施展。

　　可是他們有的是「錢」，沒有組織，沒有羣眾，兩三個人也可以辦些什誌刊物，寫些美帝所歡喜的宣傳文章，以報美帝不棄之恩。「台灣再解放聯盟」最近發行過一期英文刊物：「台灣論壇報（Formosan Herald）。後由日本回台的人說：

這本是由香港特地派黃其男帶稿到日本印的。裏面所有的文章，尤其是「台灣人這樣問」「台灣人的聲音」等篇，都是偽造台灣民意，惡意宣傳台灣人要求「獨立」。

從前「廖文毅博士主編」的「前鋒」，也搬到香港，以「前鋒叢刊」的形式，於一九四八年六月卅日出了一期，這期的「主題」是「城春草木深」（大概是慨嘆「國破山河在」！），每篇文章都不離其宗，極力宣傳「台灣獨立」，再加上了反蘇、反共、親美的「味素」。又像煞有介事的，偽造「高山同盟」的宣言，說「高山族」的兄弟也起來要求「台灣獨立」了！

由於「盟總」是在東京，又由於在日本尚有二萬多人的台胞，所以在香港的「分離運動」的領袖們就重視了在日本的活動，於一九四八年七八月，特派黃其男、林純章、陳梧桐等數人到日本，一面在美國人保護下，做香港日本間的走私生意，一面在日本進行「台灣獨立運動」。

一九四八年八月廿三日，合眾社東京電訊發表「台灣分離份子」在日本的活動情形稱：

「要求台灣獨立的地下組織，今天正在活動中，他們的會員都是在台日之間與中日之間走私的人物。這個組織的主要目的，是推派代表出席日本和會，並且要求舉行聯合國監督的公民投票來決定台灣的將來。據地下組織首領說，他們反對日本人，反對日本控制台灣，這是因為日本佔領幾十年中的統治台灣的方法完全是奴役台民。他們說，他們也反對中國現時的統治，因為中國所執行的經濟政策是向台灣掠奪。他們也反對共產黨管理台灣，因為受

共產黨管理,就是受蘇聯管制。這個地下組織所發的宣傳品(按:是指「台灣論壇報」),意見如下:
(一)應當以對待朝鮮的同樣態度,對待台灣。台灣一旦成為獨立,美國應當給予援助。
(二)聯合國應令台灣調查團,調查自大戰結束,中國自日本接收以來虐待台人的情況。
(三)台灣人民是混合血種,與周圍任何國家,並無自然聯繫。
(四)台灣曾遭日本蹂躪,有權出席和會。
(五)決定台灣將來的民主方法,是由聯合國來執行公民投票。」

經過一個月後,美國在台灣的特務機關和「分離份子」竟捏造許多有名無實的團體和偽造一千多人簽署的「請願書」,派美帝的特務頭子莊要傳(據星期報消息,他是台灣銀行調查課長)及邱炳南(華南銀行的調查課長)(編按:又名邱永漢)兩人到港,與廖文毅等協議後,再派莊要傳赴日,向「盟總」提出。

據一九四八年九月廿二日合眾社東京電訊稱:

「在日本以外設立之台灣地下組織,準備致文聯合國,要求聯合國佔領台灣,直至能舉行公民投票決定台灣未來地位時為止。該團體稱有數千會員在日本。一發言人稱:他們除非台灣獲得獨立,永遠不表示滿意。並指斥台灣籍中國監察委員丘念台為『中國之傀儡』,因為丘氏在南京發表聲明說:台灣獨立運動毫無根據。該地下組織名

為『台灣再解放聯盟』，支持此團體的有，台灣青年同盟、台灣獨立同盟、台灣民眾聯盟（有些報紙譯做台灣人民同盟）、台灣經濟研究會、台灣自由協會、台灣學生聯盟等等。該發言人稱：其文告是代表六百五十萬台灣人。該文告（指「請願書」）的內容約有下列數點：

（一）台灣必須獨立。

（二）聯合國應在本年年底以前派兵佔領台灣。

（三）應成立臨時政府。

（四）臨時政府成立後，中國人應遣送歸國；並應將中國人掌握的前日本財產撥交臨時政府管理。

（五）日本對華賠償品中應撥出相當部分抵銷中國自第二次大戰結束後取自台灣的物資。」

對於在日本的「台灣獨立運動」，許多日本人和美國人也有參加在內，興波作浪，由此可知日本也捲入了這個國際陰謀。一九四八年九月廿七日，一度會為近衛智囊團的日本政治幕後人物藤澤親雄，對日本記者公開承認與該地下組織有相當聯繫，並且說在日本的美國人和日本人，也有相當多數的關係者。

但對於美帝國主義者的毒辣陰謀和那些「分離份子」的無恥行為，台灣全島和旅外台胞都羣起攻擊。例如東京「華僑民主促進會」，發表反對的聲明書，「中國留日學生報」也發表許多揭穿美帝陰謀的文章。在國內的台胞同鄉會和同學會（北平、天津、青島、上海、南京、杭州、廈門、廣州）十四個團體，於一九四八年十月廿五日，發表聯合宣言，聲明台灣人民的根本要求和痛斥「分離份子」喪心病狂的行為（全國各地報

紙及香港大公報文匯報均有刊出）。在台灣島內的一切人民團體和台胞，亦極關心此事，曾致電東京駐日代表團政治組副組長謝南光查詢，據謝氏的覆函：「東京台胞並沒有獨立運動的事情，僅八月間曾有來自香港的王某（黃其男）自稱為獨立運動領導人，並將其帶來的宣傳品送給外國通訊社，因此而誤傳東京台胞有獨立運動」云云。

在許多團體之中，「台灣民主自治同盟」抨擊「託管運動」及「獨立運動」最為致力。它常以發言人談話或以聲明書反對那些民族敗類的出賣台灣並教育台灣民眾。

但不管台灣人民如何反對，這些國際陰謀者，還是不顧一切，反動到底，竟於一九四八年十月一日乘南京忙於遷都台灣的機會，在香港再捏造十個團體在德臣西報（China Mail）發表聯合宣言，請求「盟邦」出來處理台灣問題，從南京政府手中救出台灣。他們說，南京政府在軍事上失敗，首都也要撤退，已經失了統治台灣的能力，而假使台灣被捲入內戰漩渦，台灣一定被國際共產主義的共謀者（指中共）所踐踏，最後將落入「鐵幕」之下，威脅西太平洋的和平，引起第三次世界大戰的爆發。

與「獨立運動」並行，美帝在台灣也與國內的「和平運動」相應，自從蔣政權露出敗跡之時起，就發動了一種與國內不同的「和平運動」。這種運動是以國民黨台灣省黨部主任委員丘念台為中心，以「政治學會」及「東寧學會」為背景。丘念台對這些會的會員說：蔣政權沒有希望了，但是我們也不要使共軍開入台灣來，如果共軍進入台灣，一定會跟「國軍」發生大戰，假如共軍勝利，美國也不歡喜共軍，結果吃虧的是台灣人，所以站在台灣人的立場著想，最好還是叫共軍不要來，

叫國（蔣）軍退出，叫美國不要干涉（？），好好讓台灣人自己解決台灣事云云。弄來弄去，還是不離其宗。

　　總之，美國帝國主義者，為了確保西太平洋這一條反蘇反共的前哨線，它當然不願放棄台灣，所以它想盡各種方法，利誘、威脅，雙管齊下，以防止「台灣落入中共手裏」。跟著中國人民全國勝利的迫近，美帝在台灣的政治陰謀一定會更加猖狂，這是可以預料的。

第十二章

台灣目前的局勢
——至一九四九年一月底

一、台灣成了反動派的逋逃藪

中國人民解放軍已解放了全華北,殲滅了長江以北的大部分蔣軍,京滬已經接近戰火的邊緣,因此,蔣府黨政軍的大小官僚及其眷屬,或愛惜自己的生命和財產,害怕蔣軍乘機搶劫,不願親歷戰爭的損害的人,都計劃著「孔雀東南飛」了。當然極貴極富的人才有資格到美國去,亦貴亦富的人才有資格到香港去,而中產以上和二三流的政治人物,就只好跑到華南或台灣去躲一躲。但人民解放軍一旦渡江,華南廣大地區,亦必定如秋風掃落葉,很快地被解放,所以大多數人都以台灣這個地方為較安定的避難所。因為台灣今天是反動派最安定的立足點,隔著一條海峽,遠離內戰烽火,氣候是那麼的溫和,風景是那麼的秀麗,交通是那麼的便利,再加上了糧食充足,工業發達,人民守法,還可以騎在人民頭上作威作福。

淮海大戰開始後,京滬一帶「高等難民」就一批批地湧到台灣了。由滬開台的中興、太平、華聯三輪,每次載客均超出二千人以上;台滬間的飛機每天都不下五班,多為軍部的運輸機,或私人的包機。基隆和台北顯得非常熱鬧,自早晨至深夜,人跡不絕。去年聖誕節前後,基隆港一天之中,曾到了五十五艘船,有的不能進內港,在外港停泊,有的不能靠碼頭,在港內停泊,有的二三隻並靠一個碼頭,基隆之熱鬧可知。台北人口原來不過三十八萬,現在要超過六十萬人,從京滬來台高等難民之多,可以想見。

現在已到台作長居的有:陳果夫、王東原、梁寒操、盛世才、毛人鳳、祝紹周、宋子文、翁文灝、羅卓英、劉茂恩、梁華盛等;政要眷屬已到的有:陳立夫、何應欽、徐永

昌、湯恩伯、胡宗南、吳開先等眷屬；其他有主席身份的十餘人，黨政軍要人尤多，眷屬無數。現在台的國代立監委，已有二百多人，一月十三日，在陳誠的招待茶會上，出席的就有一百三十八人，其他在中南部的還不在內。國代之花王雋英，共產黨的叛徒張國燾等也在台。而為了運輸這些人的行李，基隆至台北的公路，卡車來往不絕，台北和基隆車站，都派了憲兵守護這些行李的「山」，最多的有陳果夫的六百件，最少的人也有十多件。

甚至統治中國人民二十餘年的獨裁者，也準備到台灣來「永久休息」了。先是派勵志社總幹事黃仁霖到台來準備。據基隆通運公司透露：有「總統府」編號的巨大行李三百件和防彈汽車三輛已運到基隆，侍從室的人員及警衛隊也已來了一部份。「行宮」也準備好了，在台北的是原先陳儀不肯住，而魏道明夫婦搬了進去的「台北賓館」（前總督官邸），在草山溫泉區的是「草山賓館」，也有人推測一年前台灣旅行社花了四億台幣改建之後的「圓山神社」（前日人奉祀北白川宮）。對面是中山橋，即以前的明治橋，據傳：此處日本征台時，台北的清軍投降日軍簽書的地方。也許不久的將來，在台的蔣軍亦將在這裏簽書向台灣人民投降。

不但「行宮」，「總統府」也已佈置好了。魏道明原定元旦遷入辦公的省府大廈（即前台灣總督府），省府已決定不搬了，看情形，「督」字將要改為「統」字了。

今年一月廿三日，報載：「在中國獨裁專政二十二年，殺人無數，竊國賣國，罪大惡極的人民公敵，頭號戰犯偽總統蔣介石已於昨日（廿一日）發表文告，說是為了『促進和平』，宣佈『引退』。蔣並於昨日下午四時十分乘美齡號專機飛杭

州,由杭州轉奉化故鄉。與蔣同行的有浙省主席陳儀、俞濟時與蔣經國三人。……然後赴福州,也許將由福州去台灣。台省主席陳誠先由台來杭等候,當在機場迎接。蔣的親信陳立夫等廿五人,亦乘蔣的另一架飛機離南京。」

二、黨政首長易人

　　一九四八年的歲末,十二月廿九日,南京行政院通過:魏道明另有任用,派陳誠為台灣省主席。

　　蔣介石的突然任命陳誠出長台灣的這個戰略基地,使一般人惶恐著台灣的前途。陳誠的出長台灣,證明台灣已註定了成為南京反動派殘餘勢力的最後避難所。蔣軍事人員的前後調動,是南京反動勢力將向台灣移動的表示。

　　一九四九年一月五日上午九時,陳誠從魏道明手中接過關防。下午四時在省府四樓招待記者。陳的書面談話的施政方針一曰「人民至上,民生第一」,二曰「增加生產,合理分配」,三曰「歡迎各方來台投資」。頭兩條是「官話」,尾條卻是「實話」。他是歡迎美國來台投資,因為「美國」不好意思說,衹好說「各方」。據說美國已決定投資三十億美元,來建設台灣工礦事業。

　　陳誠並說:台灣是中華民族的復興堡壘,並擔負這使命。對和平,陳說共產黨沒誠意,並罵共產黨為國際第五縱隊,賣國賊,亡國奴,……沒有像各地參議會通電一樣稱「毛潤之先生」,他說:並不是因為共產黨把我列為戰犯我才反對它,我是國民黨員,三民主義信徒,無論在什麼地方也與它鬥爭到底。

陳誠主台，已說明了台灣今後的重要性。

陳誠之外，又加上了蔣經國來台主持台灣黨務。又盛傳「蔣經國兼台北市市長」。在這位前上海經管特派員來台之前，據說（合眾社電）京滬運來了一百四十噸黃金。

蔣經國發表為台灣省黨部主委以來已一月，至今尚未就職，據香港大公報台灣通訊，是因為陳誠反對的緣故，並且陳誠業已函呈老蔣有所解釋。大概是為了「兩雄不兩立」。但一般地認為蔣經國一定來的，因為他的助手中信局主任秘書高文理已經到台灣住過兩個星期，打聽台灣的「政治行情」，作為他來台的某種探討。

無論為何，台灣黨政首長的易長，已夠刺激台灣各界的情緒，台灣各地的大小官員都紛紛到台北，謀求差司。因美聯社台北電發表陳誠已安排好二百個班底，預備更換台灣省政府的官員，致使許多官員，充滿著「失業」的不安。一般台灣人都注視著陳誠主台後的政策，尤其是對於蔣經國新任國民黨台灣主委後所起的作用，極為關切。

三、蔣軍在台灣的佈置

一月十九日，南京行政院決議願與中共立即無條件「停戰」，再開「和平談判」。但南京這一陣「和平」叫囂，完全是「緩兵之計」。因為南京的「停戰令」，中國人民已經領教夠了。三年前，當它決心擴大內戰之時，亦曾下了「停戰令」，但結果呢！要對方不打，自己卻大打特打。一面玩「停戰」、「和平」的把戲，一面卻積極準備「遷都」，佈置後方。可見「停戰」或「和平」的叫囂，只是為了「遷都」，為

了「佈置後方」爭取時間而已。遷都的目標，似乎是廣州，其實真正的重心都在台灣。台灣的軍事佈置，是這個證明。他們反動派已咬定了「抗戰靠山，戡亂靠海」。

早在去年人民解放軍發動秋季攻勢之後，反動派要人，尤其是高級將領如顧祝同、余漢謀、桂永清、何世澧、蔣經國等，紛紛到台「考察」軍事，他們視察新軍訓練和軍港建築情況，或選定戰車學校及兵工廠的地點。他們忙於會談或與台灣軍政要人會議，部署台灣的「戰時態勢」。

空軍方面：作為唯一的賭注的空軍，早在去年十一月就開始南撤，先是把上海江灣機場遷移新竹，繼而台中、嘉義、台南、岡山、屏東、台北等機場，都大事擴充。據統計：空軍方面正式遷來的有第十、第廿、第五、第八等四個大隊，第十大隊就是蔣的保命符底伏恩所統領的，其中第五大隊是在解放區投汽油彈聞名的兇手。還有空軍地區防守司令部、空軍氣象總隊、空軍廣播電台、空軍訓練總部、修機廠、飛機製造廠，都已遷來台北，新竹和台北的機場跑道已開始由空軍第三工程處施工加長，而且快要竣工，近一個月來除積極地疏散空軍眷屬外，運輸汽油彈的飛機每天平均五六十架左右，雖然短短的一個多月，而空軍在台灣失事的飛機已有五架的記錄。據說，空軍副總司令王叔銘已到台佈置一切。空軍總部和空軍委員會已於去年十二月間搬到台灣。十一月三十日，命令空軍總部一切職員眷屬於十天內搬往台灣。筧橋空軍學校亦準備遷台中，因為台中第三飛機廠，已可能製造「練習機」，又有廣大的機場可以使用。

而配合蔣空軍的遷台，美帝在南京的軍事顧問團亦開始遷台，顧問團的空軍組，常有四五架 C-47 型機在松山機場，同

時顧問團駐成都航空隊亦已移駐台北了。

海軍方面：桂永清早在去年十一月就到台視察高雄左營軍港，也到過澎湖、馬公調查一番。蔣海軍已在台開辦新訓練基地。路透社東京十一日電稱：「蔣府正忙於在台灣設防。據由基隆返國的日僑說，日本以前的海軍兵營正在改建，以作訓練新兵之用」。所謂海軍兵營是在左營。左營是日本在太平洋戰爭中，以十年計劃開始營建而未完成的遠東最大的軍港，有許多海軍附屬工廠，又連接著岡山海軍飛機場。海軍總部一說已遷移馬公，又說遷移左營，現在這兩個軍港都是「中美共同使用」的。

美聯社上海十二月十一日電報導，與蔣海軍有密切關係的「中國油船公司」亦計劃把一千員工和其家屬遷到高雄，該公司有二十五艘油船，其中四艘為一萬噸。

桂永清於今年一月初旬，在蔣介石批准之後，曾派兩條軍艦，滿載武器、兵士、官佐和大批眷屬準備直駛基隆「接收」基隆造船廠。後來經魏道明、陳誠、孫越崎三人極力申訴，蔣又批「暫緩接管」，但台灣所有的造船廠，早晚將被海軍部控制，已是沒有疑問的了。基隆造船廠是一個龐大的機構，是資源委員會和台灣省政府合辦的「台灣造船有限公司」（前日人的台灣船渠株式會社）所屬的造船廠。接收當時，資產淨值按民國卅五年三月估計為二千餘萬元。分作十萬股，其中民股佔百分之二十二・九，包括在省府資本裏面，省府佔總資本額百分之四十，資源委員會佔百分之六十，三十五年省府增資一千七百萬元，資委會增二千五百五十萬元，三十七年又增資，計省府一千億元，資委會一千五百億元。

由於蔣海軍的遷台，省府正忙於整頓基隆及高雄兩港。

為整頓高雄港口，交通部之大挖泥船「建設」號短期內即可駛高雄，協助疏濬港口，俾使港水加深，能供更多的船隻停泊。為整頓基隆港口，省府現已決定將碼頭工人一千四百人增至二千二百人。台南安平港的修復工程，也正積極進行中，估計在今年三四月間可以完成。對於碼頭倉庫的管理機構也有所更改，一月中旬，省府例會決議撤消「台灣通運公司」，這是一種重要措施，理由說是該公司是半官民的組織，過去未能達成任務，今後原為該公司所有之碼頭倉庫，均將歸建設廳港務局管理。

陸軍方面：參謀總長顧祝同、陸軍總司令余漢謀、鐵甲兵團團長蔣緯國等，早在去年十一月間，就分別來台佈置。據美聯社台北三日電：陸軍總部已經遷台。加之陳誠之被任為台省主席，實有重大作用。據法新社上海一月二日電：陳誠已受命在台組訓二十師新軍。兵源方面已開始打台灣的算盤，儘管蔣府說是台灣情況特殊，延緩兵役一年，事實上最近在嚴密的調查戶口壯丁，還準備把曾經被日人徵召服役的三十萬台灣青年加以訓練，這很顯然的是要這批青年去當砲灰。

關麟徵於一月初旬到台與陳誠協議徵兵事項，一月十五日離台飛滬轉京，孫立人亦於一月十七日飛京。國防部已電令台灣成立「軍管區司令部」，由陳誠兼司令，下設五科，辦理徵兵及動員準備。國防部又令台灣徵召衛生人員、學校畢業生或閒散在外及現任非軍事機關醫師，赴各部隊服務。今年台大醫學院畢業生廿人已被徵用。

蔣緯國的戰車部隊亦已準備遷台，早在去年十一月間，他就到台覓尋戰車學校的地址。今年一月十三日，籌備人員乘中興輪赴台，許多「戰車第一營營部」字號的行李堆積在碼頭。

被目為兵工專家的陸根泉亦於去年十一月間，很秘密地去過台灣一次，接著就決定把三個兵工廠遷設嘉義，上海某兵工廠遷設高雄。

至於變相的憲兵警察都在台灣招考，乾脆又在台灣訓練，準備為這一批「高等難民」服務。

特務方面：軍統頭子毛人鳳乘了登陸艇抵台，軍統大本營已移來台北。陳誠說：共產黨沒有海空軍，不能來台。但要防共產黨思想來台，軍統負責人之來，大概是負責這一方面的。

隨著軍事的失利，南京盡可能的搬家，連京、滬、蘇州等地的政治犯也要搬到台灣來，「保密局」毛以享已經到台佈置，地點決定在士林（離台北北方一里地）和淡水（台北西北十一里）。二二八民變後所設的集中營已變為「勞動營」，這新設立的兩個集中營，將使台灣人對國民黨多一個認識。

台灣警備司令部第二處（調查室），已令各地負責人，盡量組織流氓地痞，擴大「行動隊」（暗殺隊）。

CC方面卻命蔣渭川再出出風頭，組織「青年文化協會」。企圖騙取青年，準備在下一次暴動時，再演上次二二八民變時所演的把戲。

四、豪門資本開闢「新路」

除了前面所說中國油船公司和三個兵工廠已經遷台之外，中央印鈔廠在台北三重埔建立分廠，一部份機器已運到，巨型印鈔機也將運來，台幣「缺乏」的問題，不久可以解決。

中國銀行戰後在川、陝、甘、蘇等地的「雍興公司」（宋子文任董事長，宋雲章任總經理），擁有製革、酒精、紡織、

機器、藥品等三十幾個大工廠，也已派人到台找地皮辦工廠，不久將所有的設備運台。

石鳳翔（蔣緯國老丈）的大華紗廠已在台設廠，但尚未開工，棉花已從四川廣元的大華廠運到基隆。

中央信託局和資源委員會也決定遷台，已派人在台北覓尋基地。中航總公司亦將遷往台灣。中航是蔣府交通部與美國泛美航空公司合辦的。該公司董事長則由蔣府交通部長兼任，副董事長則由泛美航空公司指定人員出任。機務組已決定遷到香港，但在「面子」上，它仍把總公司留在「國內」的地方——台灣。

招商局總經理徐學禹一月中旬到台灣，與陳誠商該局遷台事項，並將在基隆高雄加建碼頭倉庫。

五、學校報館搬家，史料文件運走

衛生部長林可勝，為了籌備「國防醫學院」遷台事項，於一月中旬到台。該院新地址原打算在台北市聯勤總部裏，但因該部也決定遷台，沒有成功。現在正向台灣大學商借一部份校舍應用，台大學生自治會，由於校舍已不夠用，請求校方不要答應。但新校長傅斯年尚未到達，前任校長莊長恭不敢作主，但也無法「婉謝」，學生自治會早已在當局監視之下，看樣子，如找不到其他更好的地址，台大的部份校舍免不了變成「國防醫學院」。

又國立中央大學亦準備遷台，該校教授兼教育部邊疆教育司司長郭廷以已經到台中覓地，但未找到，據悉再赴台南尋覓，以期不妨礙卅八年度的春季學期。中大的圖書一大批，則

已於一月十二日由海錦輪裝運到基隆,轉運台南。押送人是中大教授王德芳。

今日的台灣已成了中國的新聞基地。台灣的報館、通訊社已經多得很。台北現有新生、中華北版、公論、全民、平言、和平、閩台、經濟快報、工業新報、業報、幹報、國語等十二家日報,自立、台北兩家晚報:通訊社有中央、台灣、新聞、民權、經濟、寰宇等大家。台中有:民聲、力行、天南三日報。高雄有光復新報,花蓮市有東台日報,台東有台東新報,台南有中華南版、商工經濟兩日報。此外三日刊及週刊全島共有十種之多。

由於華北華中許多大城市的解放,在這些城市的反動派報館紛紛遷台,籌劃在台灣繼續出版。如南京中央日報、上海東南日報、前線日報、新夜報、天津益世報、北平華北日報、世報日報、青島山東各報聯合版等。有的已購就地皮,準備大興土木,有的機器已裝運來台。看樣子,台灣將在一個不長的時期,成為「中國反動派新聞事業的集中區域」。

其他國民黨的「史料」和「文件」,也盡可能地運台保存。一月十五日,南京總統府秘書長吳忠信致電陳誠,說中國國民黨重要史料一百八十箱,日內即將派員押運來台,囑有關方面妥為照料,並覓安全地區保存。據悉:上項史料於一月十九日由登陸艇載運到基隆,而由警備旅會同憲兵隊及基隆港務警察負責佈防戒嚴及押運。存放地點暫在台中。另據一月二十六日文匯報南京通訊,存京故宮故物四庫全書及中央圖書館珍版書籍均已運至台灣。

又據報:國民黨「銓敘部」,於去年十二月卅日,把各項文件裝好,要運去台灣。但忽發現丟了一百六十箱東西,這些

東西都屬於一個部門:「黨務工作人員銓敘登記冊」。南京市面發出了謠言:「是共產黨設法偷去的。」但事情隨後立即證實:是「黨務工作人員」自己拿去偷偷地「註銷」了。

南京市民說:藏起了一雙雙血手套,但藏不了一雙雙眼睛,存在固然可以「參考」,銷燬了也似乎不必沾沾自喜!

六、加緊搜括,強迫統治

三年來蔣政府在台灣的搜括方式是「有出無進」的。過去的米、糖、樟腦等業,即使換來的外匯也好,都無不是像台灣接收的軍火一樣的投進反革命戰爭中去,如今陳誠說「靠海戡亂」到底,事實上沒有「亂」的台灣的人民,也被「戡」得吃不消了。靠台灣銀行券去征購的米糧,全部都運到戰場上去。正月初,蔣府命招商局,一天要裝三千噸(三萬包)出口。台灣的米,在這種情形下,越來越貴,已較「八一九」漲了十餘倍,當時一百二十元一斤的上等米,現在(正月初)已漲至一千三四百元,如果將台幣匯率已經多次調整的因素計算在內,大約要漲一百八十多倍,比京滬一帶還漲得兇。

眾所周知,台幣是台灣特殊化的一件法寶,其價值始終較法幣為高。金圓券實行之初,台灣與金圓匯率是金圓一元合台灣幣一千八百三十五元,但不到兩個月,匯率已跌到一比一百一十元。換言之,台幣的身價是高了一十多倍,但物價卻漲了一百多倍!從前魏道明時常以台幣為「撒手鐧」,沾沾自喜,喻之為防禦大陸物價狂漲的防波堤,但還是阻止不了台灣物價的狂漲。

漲得最驚人的是台灣的房地產,作房地產介紹的招牌已成

了時髦招牌。日人房產二月前售價不過約相等於五百美元，現在是漲了二十多倍。

其他物價也上漲不已，這樣就必然嚴重地影響到台灣人民今後的生活水準。目前台灣人民不但由於不知底止的物價高漲而苦悶，許多公務人員和工人都因不知「何時失業」而恐惶。到現在為止，來自國內的難民確實數目，尚未有正式公佈的統計，但一般估計絕不下廿五萬人。假使要使這廿五萬人個個得到一個位置，那麼不知道要使多少台灣人失業。

陳誠為了讓陸海空軍和美援的物資集中台灣，讓基隆和高雄兩大港口及其他設備為軍人服務，為了安插這些高等難民，他一上台便使三千人民失業了。

陳誠於一月十日，作就任後第一次巡視，地點是基隆港，乘艇環行港灣，回到台北便成立了「台灣軍公商物資疏送督導委員會」，而把已有三十多年歷史的「台灣省通運公司」撤銷了。據台灣寰宇社訊：「台灣省通運公司，為本省公商合辦唯一龐大之交通運輸營業機構，頃因與台灣省軍公商物資疏送督導委員會之業務相同，省府為統一業務起見，將通運公司機構撤銷，歸物疏委員會接辦，以免重疊。而該公司於一月十七日召開股東會議，商討處理其全部結束。該公司有三千多員工，除極少部份將予繼續委派至鐵路倉庫，港務倉庫任用外，大都數都被『遣散』。」

「遣散」，人們心裏明白：「你們都趕到台灣來，我們『散』到那兒去？」

「軍公商物資疏送督導委員會」這個「官即商」的機構成立之後，台灣的官僚資本已把所有的交通運輸業以一紙命令獨佔了，甚且搶奪了所有的碼頭倉庫。

「物資委會」的主任委員是聯勤總部副總司令郗恩綏，他就任匆匆，就登廣告說：「查本會為疏導基隆各碼頭倉庫積貨起見，希各貨主於本月廿四日以前，往通運公司提取，逾期不提，本會當強制內運，所有運雜各費概由貨主負擔，如有損壞等情事，本會不負責任，此後陸續運基貨物，一律在卸完後五天內提取，合行通告周知。」

　　這種野蠻強迫的統制，使台灣人民回憶到太平洋戰爭時日本帝國主義在台灣的「戰時態勢」，和所受的苦難。

　　金圓券崩潰後，蔣政府已取消全國「收購金鈔辦法」，然而陳誠再恢復這種已為全國人民所痛恨的強盜辦法。台省府一月十七日公布，由台灣銀行收購台省境內黃金及外幣辦法，該行自十九日開始逐日掛牌公告收購價格，台省府發表消息稱：「依照中央規定人民可以持有黃金外幣，但不得流通買賣。茲鑑於省內人民持有黃金外幣，若無正當出路，難免造成黑市交易，為徹底取締黃金外幣黑市買賣，兼顧人民生活需要，使黃金外幣持有人有正當出路起見，特訂『台灣省境內黃金外幣買賣取締及兌換辦法』公布施行。該辦法規定，由各縣市政府及有關機關依法切實查禁，取締黃金外幣黑市買賣，至人民如有需要，須將所有之黃金外幣兌換台幣者可向台灣銀行兌換台幣，政府並不強迫兌換。台灣銀行兌換黃金外幣依下列規定標準計算，折合台幣，按日訂定公告：（甲）黃金照中央規定，每市兩按美金五十元計算。（乙）美金或美鈔每元按兌換之當日上海中央銀行僑匯牌價，及當日台灣銀行金圓對台幣匯率折合台幣，其他外幣當中央銀行規定折算。」

　　台省府雖然說「並不強迫兌換」，但它卻命各級政府及有關機關（無非是憲兵、警察、特務）「要依法切實查禁流通買

賣」。黃金外幣由何而來？台灣人民是不會自己生產黃金和印刷外幣的，當然是由買賣而來的，那麼就犯法了。

事情很明白，國內人民的黃金外幣，都已被剝得一乾二淨，而反動派逃往台灣時，也把這些黃金外幣運到台灣了，現在還想繼續剝奪台灣人民僅有的黃金外幣，而將來呢，一定想運到日本或美國或巴西去！

七、南京垮台前夕，美帝想囊括台灣

美帝國主義者一向是援助蔣介石，屠殺中國人民，反對中國革命到底，現在還是繼續援助他，當然對於南京反動派在台的備戰，美帝國主義者也給以不少的援助。正如楚德（周以德）說：「如果有任何可能在中國找出一個反共力量的小集團，那麼我們仍然要盡力給他們一切援助。」它幫助南京反動派在台訓練新軍，幫助海空軍遷移台灣，協力建設軍事基地等等。但是另一方面對於蔣政府一部分遷台和蔣介石退居台灣，卻表示不甚歡迎。因為美帝對台灣另有它的算盤。這我們從美帝對台灣的軍事、經濟侵略和各種政治陰謀（如託管獨立運動等等）可以看得出來。

美帝對於中國的局勢已經絕望，對於蔣介石這個不中用的工具，已經覺得討厭。它認為蔣介石是「沒有能力採取國務院所認為聰明的步驟」。所以對於蔣介石還想戀棧和再起的各種陰謀，也很少有希望。它以為蔣介石的下台，將使國務院更容易施展較聰明的政策。但如果南京垮台後蔣介石退到台灣，而在台灣建設流亡政府或地方政權，那麼，中共就有充分的理由打到台灣來，因而將會妨礙美帝在台灣預定要施展的「聰明的

步驟」。

美帝現在對於台灣問題最關心的是如何阻止「台灣落在中共之手」。據合眾社上海一月十二日電：

> 「杜魯門的全國安全委員會已建議在目前的反共鬥爭中，雖然要放棄中國，但必須盡全力去挽救日本太平洋上各島──包括台灣和海南島。又稱：該委員會已向杜魯門建議：要企圖挽救國民黨政府，是毫無希望的事，共產黨定會席捲全中國，因此必須不讓共產黨伸手到日本、台灣、海南島……去。」

美帝早就已經估計到國民黨反動派在台灣也是不能抵抗共產黨了。所以它在台灣，一方面援助國民黨，另方面又煽動台灣人起來反對國民黨，美帝這樣做，是因為台灣人民對於「不反對國民黨」的任何政治運動都不感興趣。美帝煽動台灣人反對國民黨的主要目的是在這反蔣運動中，同時製造反蘇、反共、親美的情緒，造成由美帝單獨控制台灣的基礎。這在國民黨方面看來，美蔣之間確有一種矛盾，但是單就美帝方面看來，絲毫都沒有矛盾。因為美帝援助國民黨是為了反蘇、反共，它反對國民黨也是為了反蘇、反共。

從前美帝在台灣反對國民黨的工作，都是拉台灣人自己出面，但是由於南京的末日已經迫近，所以它就不必顧及國民黨的利益，而公然表示不歡迎蔣府遷往台灣，極力宣傳台灣目前不是中國正式的領土，不過暫時給與中國統治而已，又誇張散布大部分台灣人都不願受中國（包括中共在內）統治的謠言，想以此造成台灣的「特殊局面」。

早在去年十一月廿二日，對於南京遷都問題，南京美大使館就放出「台灣將起民變」的空氣說：「美大使館已接獲駐台外交人員的報告，謂台灣現正醞釀著類似二二八的民變，故大使館倘欲遷台，恐亦非一理想之地」。事實上，它故布疑陣，希望南京也認為台灣並非安全之地，而不設防台灣，而美帝自己早已在海軍空軍上，絕對優勢地控制了台灣。但這個恐嚇性的警告，是暗藏著美帝在台灣的另一種陰謀，據消息靈通人士透露，美帝已擬定一種計劃：南京垮台，中共尚未開入台灣以前，將使親美派發動「反對中國」的叛亂，要求台灣獨立，以台灣人民自己的意志，一面反對國民黨，同時抵抗人民解放軍或破壞在台「中共分子」的活動，而使台灣陷於混亂狀態之後，它即根據開羅協定，由「盟總」加以軍事干涉。倫敦「星期六晚報」刊載一篇「紐約通訊」說：麥克阿瑟頃向國務院要求增兵日本，而這些軍隊將進駐台灣。路透社亦揭穿了這個陰謀，據路透社南京一月十九日電：「對於南京政府一部份遷往台灣，美國已向國民黨警告，在對日和約簽訂之前，美國根據開羅協定，盟總對台灣仍然負有任務，故南京可以遷都廣州，不能遷都台灣」云云。

合眾社台北一月廿二日電亦稱：「如蔣介石果真前來台灣逃避中共報復或在台設立流亡政府，那麼他將在一個非正式屬於中國的領土上進行活動。依照法律，根據一九四三年的開羅協定，中國對於台灣，僅有實際管轄權，而真正合法的統治權，有待對日和約簽訂之後。」

在這之前，美聯社台灣日月潭一月三日電就宣傳：台灣人之中，地主階層都希望日本重來，但大多數都希望聯合國託管，而走向獨立。

又據香港大公報東京一月十七日航訊：東京麥克阿瑟總部對中國局勢之劇變，極為關切，特別重視今後台灣問題之處理。該通訊稱：麥克阿瑟於一月十五日特派兩個在東京從事台灣獨立運動的台灣人陳兆四郎和陳朝明五郎赴港，向在香港活動的託管派份子廖文毅等，傳達美國對台灣的處理方針。據兩陳說，麥克阿瑟認為台灣現在還不是中國正式的領土，因此南京垮台後，中共不能進入台灣，美國將徹底援助台灣人獨立，並且美國將提出聯合國，作為聯合國之決定。他們又說，麥克阿瑟已准許台灣人代表出席「遠東委員會」，要求台灣的獨立。

　　很明顯的，中國人民全國勝利的日子愈接近，南京反動派在台灣的掙扎，一定會更加瘋狂，美帝對台灣的軍事侵略和政治陰謀，亦一定會更加狂暴起來。

第十三章
「二二八」以後的反蔣反美運動

一、台灣的「統一戰線」問題與「台灣民主自治同盟」

　　蔣介石和陳儀以為用武力鎮壓台灣人民的暴動，屠殺民變的領導者，解散所有的反政府團體，以後台灣就安然無事了。但事實正與蔣介石陳儀的主觀願望相反，民變後反對國民黨反動政權的鬥爭卻更加廣泛更加深刻。「二二八民變」給與台灣人民的經驗和教訓太多了。

　　「二二八民變」教訓台灣人民：如果沒有一個強有力的「統一戰線」，來團結各階層的革命力量，就不能向共同的敵人，進行鬥爭到底，而在鬥爭的過程中，革命力量必被敵人所分化。但是如果沒有一個包括各階層的政團，提出代表各階層利益的政綱，公開出來號召，要團結各階層的人民是不可能的。由於這個緣故，「二二八民變」後，「統一戰線」的組織成為了台灣革命運動領導者的重要任務之一。

　　蔣軍的「大屠殺」之後，經過了一個相當長的所謂「綏靖時期」，在這敵人大事搜捕所謂「奸匪暴徒」的期間中，進行羣眾工作是非常困難的，然而許多革命者都絲毫沒有退縮，勇敢地巧妙地深入羣眾中間，進行各種各樣的羣眾組織，而於一九四七年十一月十二日（國父誕辰）終於建立起一個「統一戰線」的「核心」。

　　據一九四七年十一月十二日香港華商報台北通訊：

　　　　「台灣民主自治同盟籌備會，於國父誕辰在本省北部某地，召開該籌備會第一次會員代表會，議決該同盟之網領規程草案，並發表時局口號文告等。據悉：該同盟以團

結本省全體人民，為爭取台灣省自治及響應全中國人民之建立民主聯合政府之鬥爭為宗旨，該同盟盟員表示堅決願為台灣民主自治而奮鬥，為人民服務而努力。聞該同盟將在省內外各地展開廣泛的組織活動，並促進其及早正式成立。」

該同盟的正式成立，大約是在是年年底，因為自一九四八年初起，我們就常在民主報紙及雜誌上，看到「台灣民主自治同盟」的聲明或該同盟總部發言人的談話。

從該同盟的「綱領」、「規程」及「時局口號」，我們可以看出該同盟的「立場」和「路線」。

第一：該同盟規程第三條規定：「本同盟以實現台灣省之民主政治及地方自治為宗旨」。這就是該同盟的根本立場和政治目標。這也就是該同盟名稱的出處。「實現地方自治」，這說明了該同盟的政治立場是站在中華民國的一省份，要求台灣的地方自治。但是，這個地方自治的政權，若是只操在資本家、地主、官僚、惡霸的手裏，這個地方自治，對於台灣一般人民是沒有用的。所以該同盟強調實現「民主政治」的「地方自治」。

第二：該同盟的時局口號第一條是「打倒獨裁專政，實行人民民主制度」，該同盟的綱領第一條規定：「設立民主聯合政府，建設獨立、和平、民主、富強與康樂的新中國」，這說明了該同盟的鬥爭對象和政治目標。無疑的，該同盟的第一個鬥爭對象是國民黨反動政府，在台灣就是南京的地方政權台灣省政府。它的政治目標是打倒在台灣的國民黨政權，而建立各民主黨派各階層人民都能夠參加的「省民主自治政府」。

第三：該同盟所要爭取的「地方自治」，據該同盟的綱領第三、四、五、六條，是「省為地方自治最高單位，省與中央政府權限之割分，採取均權主義」，省可以制定「省憲」，「省長由人民直接選舉」。各級行政由人民直接選出的省議會、縣議會、市議會行使。

　　第四：該同盟也有一個很重要的鬥爭目標，那就是「反對美帝國主義」的鬥爭。「二二八民變」以前，台灣很少有「反美」鬥爭的現象，但是「二二八民變」以後，由於美帝對台灣的軍事、經濟侵略日趨露骨，並且不斷地在台灣人民之間進行著惡辣的政治陰謀（如託管或獨立），所以「反美帝國主義」成了台灣人民的重要的鬥爭任務。該同盟不但要反對美帝國主義的侵略，而且還要打擊勾結美帝國主義的所謂「託管派」和「獨立派」（參看：該同盟綱領第八、第九和時局口號第七、八、十、十一）。鄭國棟在「台灣民主自治同盟的性質與任務」一文中（載於「新台灣叢刊」第六輯「台灣人民的出路」）說：「假如這個比日本帝國主義更兇惡的美帝國主義不能趕走，整個中國國土就無法保衛，整個中國就不能獨立、和平、民主、富強。凡是中華民族的子孫，凡是中華民族的一份子，都應該起來反對美帝國主義的侵略，打倒出賣國家民族的國民黨反動政府，消滅企圖出賣台灣的民族敗類（指託管派和獨立派）來保衛國土，維護民族的尊嚴！」

　　第五：該同盟不是代表某一個階級的政黨，是代表台灣人民各階層的共同利益，而為了爭取這些共同利益而鬥爭的「統一戰線」。鄭國棟又說：「凡是要反對美帝國主義的侵略，要推翻蔣政權的個人或團體，不論他是信奉什麼主義，信仰什麼宗教；不論他是資本家，是地主，是商人，是農民，是工人，

是知識分子，是公教人員，是自由業者；不論它是工會，是商會，是農會，是同業公會，甚至它是什麼政黨，都可以並且必須參加這個統一戰線，來共同奮鬥。」很明白的，參加這個統一戰線的成份，要具備兩個條件，就是「反蔣」和「反美」，一條都不可缺少。

從該同盟各種活動的跡象來看，「台盟」（該同盟的略稱）確實已成了台灣統一戰線的「核心」。目前在台灣有各種各樣的團體在活動，但他們的鬥爭對象和政治目標，都和「台盟」的鬥爭對象和政治目標完全一致，所以適當的時機一旦到來，這些各種各樣的團體，必將向這個「核心」──「台盟」進行大聯合，而由「台盟」公開出來號召，向共同的敵人，進行最後的鬥爭。

事實上，各團體的進行大聯合以前，「台盟」已表現了很大的號召作用。中共中央「五一」口號提出「新政協」的號召之後，「台盟」於五月七日就立即發表「告台灣同胞書」號召台灣同胞起來響應，而且積極展開新政協運動。

據一九四八年七月十六日香港華商報台北通訊：

「台盟」總部頃派出許多幹部到各地訪問各人民團體及各界民主人士，說明目前國際形勢，中國人民解放戰爭發展情形及「新政協」與台灣的將來等，極力展開「新政協運動」，已獲得各人民團體及各界開明士紳的贊成和擁護。七月四日「台盟」邀請各人民團體內的進步幹部及各界士紳，在某地開過一個廣泛的座談會。各人意見總結如下：一、出席各團體及社會賢達一致擁護中共號召，準備派代表參加。二、未參加團體，今後共同努力勸其參加，

並廣泛徵求人民的意見。三、擴大宣傳「新政協」的意義，同時發動羣眾鬥爭，配合新政協運動。

又據一九四八年十一月八日香港大公、文匯、華商各報消息：「台盟」為東北完全解放，於日前致電毛澤東朱德兩先生致賀。該電略稱：

「本同盟代表全體台灣人民，以無限歡欣，向貴黨表示熱烈的祝賀，向解放軍全體戰士致崇高的敬禮！但是革命愈接近勝利，敵人愈瘋狂掙扎，最近反動首惡紛紛到台，加緊部置，想把台灣作為最後基地，藉圖苟延殘喘，以挽救其滅亡的命運。我們深望：人民解放軍，繼續以雷霆萬鈞之勢，向前推進，掃蕩一切蔣軍，進而渡海協助台灣人民武裝，共同消滅反動派在台灣最後的力量，制止美帝的侵略，解放台灣。我們誓與全國人民團結在一起，堅決戰鬥，直到全國勝利為止！」

它於一九四八年十月廿五日，適值國民黨反動政權統治台灣三週年，發表長達二千五百多字的「台灣恥政三週年告同胞書」，號召台灣人民起來響應國內人民，徹底消滅國民黨在台灣的反動政權，以解放台灣，特別喚起台灣全體人民十分警惕美帝在台灣的陰謀，該文告略稱：

台灣人民必須認清：我們要爭取真正的解放，就要徹底打倒美帝國主義的侵略，和徹底消滅買辦的封建的國家壟斷資本主義的國民黨政權的統治。我們決不可對美帝有

些少的幻想,也決不要對國民黨再有任何的期待,必須要完全消滅他們,才是真正的解放。因此,對那些主張「和平」「妥協」的所謂「中間份子」和「假反蔣」的走狗們必須十分警惕,因為他們都是要欺騙人民去維護他們的政權。這和去年民變時的御用紳士的妥協一樣,是要緩和人民的反抗,其後再來壓迫我們的。……台灣人民必須趕快團結起來,聯合全國人民,澈底消滅在台的國民黨反動政權,趕出美國侵略者,真正解放台灣。不要靜待第二次「光復」,必須準備作第二次的「二二八」!(是日的華商報有全文刊出)

今年一月七日,「台盟」總部發言人,對陳誠主政,蔣經國主黨,也發表聲明加以抨擊。該聲明略稱:

南京政府命陳誠主台,蔣經國為黨部主委,是反動派決不願投降人民,在加緊布置後路而決心要掙扎到底的鐵證。陳誠的主台必然地要施行更加殘酷的統治……,台灣人民必然會更加悽慘的,所以台灣人民是堅決反對這個第三號內戰罪犯的血腥統治,也一樣反對人民公敵「經濟戡亂」的敗將,以黨主委名目來台「戡亂」,而堅決向反動派鬥爭到底。

對於南京反動派的假「和平」的陰謀,「台盟」也立即發表聲明擁護中共毛主席提出的八項和平談判條件,而反對「假和平」或「妥協」。該聲明略稱:

真正的和平是人人在所渴望著的，但本同盟向來就主張：台灣是中國一部份，中國革命戰爭必須做到解放台灣，才能稱為全國勝利，於是台灣還未解放即不得停止軍事進攻，在這以前，任何「和平」「妥協」都是違反全國人民利益，而台灣人民決不會同意的。

最後稱：

　　全國人民決不容許美帝國主義的侵略，並反對任何對中國的干涉。設若美帝以任何藉口要控制中國國土的任何一個地方——尤其是台灣，中國人民必須不惜任何犧牲向它作戰到底。

　　從以上所述，我們也可以看出「台盟」對於台灣人民的號召作用，和它反對美帝國主義鬥爭的堅決。

二、「台盟」的綱領與時局口號

　　（按：這些「綱領」是根據一九四七年十一月十二日「台盟籌備會」發表的，正式成立後，未見有所更改。至於「時局口號」，隨著時局的變遷，當有加減，這裏只集其重要部分，以示「台盟」的性質及其任務而已）。

綱領：
1. 設立民主聯合政府，建設獨立、和平、民主、富強與康樂的新中國。
2. 保障人民身體、行動、居住、遷徙、思想、信仰、言

論、出版、通訊、集會、結社之基本自由。
3. 省為地方自治最高單位，省與中央政府權限之劃分，採取均權主義，省得自制定省憲及選舉省長。
4. 實行台灣省徹底的地方自治，省長、縣長、市長、區長、鎮長、鄉長一律由人民直接選舉。
5. 省設省議會，縣設縣議會，市設市議會為代表人民行使政權之機關。
6. 實行普選制度，人民之選舉權不受財產、教育、信仰、性別、種族之限制，廢除選舉人之公民宣誓登記及候選人之檢覈制度。
7. 司法絕對獨立，不受行政軍事之干涉。撤銷政治警察、經濟警察、秘密警察及一切特務組織。
8. 中國之領土及領海不許任何外國軍隊之駐紮。
9. 反對帝國主義侵略，確立獨立自主之外交。
10. 保障人民之生存權、勞動權及營業權。
11. 發展民族工商業，廢除一切經濟統制。
12. 實行八小時勞動制，制定保護工人應有團體交涉及罷工、怠工之權利。
13. 「耕者有其田」為土地改革之基本原則。
14. 廢除一切苛捐什稅，實行所得統一累進稅。
15. 高山族人民一律平等，並得組織自治單位。
16. 保障學術研究之絕對自由，實行免費之公民教育。
17. 保障婦女在經濟上、政治上、法律上、社會上之絕對平等。
18. 設立疾病、衰老、殘廢、失業、孤兒、貧民之救濟機關。

時局口號：
1. 打倒獨裁專政，實行人民民主制度！
2. 人民有言論、出版、集會、結社、遊行、示威等自由！
3. 撤廢人民團體組織條例，取消新聞雜誌登記制度！
4. 解散政治、經濟的秘密警察及一切特務機關！
5. 打倒貪官污吏土豪劣紳！
6. 打倒官僚資本，沒收貪污財產！
7. 反對帝國主義侵略，美軍退出中國去！
8. 反對美軍在台灣建設軍事基地，日本人退出台灣去！
9. 反對美帝扶植日本法西斯殘餘勢力，排斥日貨！
10. 反對反動派在台訓練新兵，反對征兵征役！
11. 反對苛捐什稅，反對征糧征購！
12. 反對經濟統制，撤廢貿易包辦，打倒公賣局！
13. 實行減租減息，保護農民利益！
14. 發展工商業，反對美帝的經濟侵略！
15. 反對搜括人民財產的幣制改革，黃金外幣保存起來，不要繳出！
16. 反對法西斯教育，趕出校內的黨棍特務！
17. 學術自由，學校開放，學生自治！
18. 擁護開羅公報、波茨坦宣言，反對殖民地化的「託管」「獨立」！
19. 擁護新政協，擁護民主聯合政府！
20. 全省人民團結起來，爭取台灣自治！
21. 全省人民和全國人民聯合起來！
22. 中國人民解放萬歲！
23. 台灣人民民主自治萬歲！

三、中共在台灣

台灣有沒有共產黨？現在台灣人民對於這個問題都沒有疑問了。他們所懷疑的是共產黨在什麼時候會起來解放台灣。不過，前些時，美國通訊社卻很認真地宣傳台灣沒有共產黨，甚且說台灣人民不歡迎共產黨，反對共產主義。但是，國民黨派卻咬定台灣二二八民變是共產黨煽動的，甚且他們憑他們的主觀，捏造許多中共在台灣的機構，說有什麼什麼工作團，台中有Ａ團、台北有Ｂ團、台南有Ｃ團（據勁雨：「台灣事變真相與內幕」）等，這不過是反動派的推測而已，除了中共自己以外，誰都不知道中共在台灣的機構和活動情形。所以這裏所能述及的也祇是中共公開表現出來的活動而已。

自從國民黨反動派進入台灣至二二八民變這一年多的期間中，中共在台灣都沒有任何表現。二二八後，反動派極力誇張宣傳中共的「陰謀」，想把民變的責任推諉到中共身上去，但中共在台灣的機構也沒有任何反應。

直至一九四七年十月廿五日，台省第二屆運動會在台中舉行時，台中市內及運動會場，出現了沒有署名的宣傳品，介紹人民解放軍六十七條時局口號，並附有當時解放戰爭的形勢圖。雖然沒有署名，但一般人民都相信是共產黨散發的。

一九四八年三月五日，全島各地又出現了「紀念二二八告全島同胞書」，有「中國共產黨台灣省工作委員會」正式的署名，內容是：喚起台灣人民回憶起去年二二八民變時的台灣人民的英勇鬥爭和蔣軍的屠殺情形，而加緊團結，加強對反動派的鬥爭意志，籌備對反動派的鬥爭；並廣泛的介紹中共的政策，最後警告反動派放下屠刀，不可再屠殺良善。

是日,台灣北部、中部、南部也同時發現了二二八部隊北部支隊、南部支隊的「告同胞書」,是用日文寫的,內容大體上與中共的相同。二二八部隊是從二二八民變時的人民武裝整編起來的,這說明了人民武裝還仍然存在著,而且已在統一的領導之下。大家都相信:這些人民武裝將會發展到解放台灣的「人民解放軍」。

　　一九四九年一月初,當陳誠大談:「共產黨沒有海軍,也沒有空軍,又隔著大海,台灣的安全問題不足為慮⋯⋯」,新聞處長林紫貴突然又要執行內政部通令及「戡亂條例」去取締「非法刊物」的時候,在台灣各地卻出現了一種聯合文告,是「中國人民解放軍在台代表團」、「台灣民主自治委員會」、「台灣工務員立功委員會」三團體聯合發出的(按:「台灣民主自治委員會」是「台灣民主自治同盟中央執行委員會」之略)。

　　文告略稱:「台灣也是中國的一省,台灣人民也是中華民族的一環,她不容許被那些『獨立』『託管』派在美帝國主義的指使下被侵略及分割⋯⋯」,接著為適應全國民主解放的形勢,提出十點共同奮鬥的目標,包括「通過全省人民代表大會產生人民政府,解除反動派的武力⋯⋯實行公地分配並依照台灣實際情形推行土地改革,保護工商業,勵行普及教育」等等。同時提出十項行動綱領,要求:「現在工務員安心工作;軍警憲準備應變,並為人民服務維持治安;工礦、水電、交通、港口、機場、倉庫等工作人員,須切實愛護器材,勿予破壞;文化教育界也要負責宣傳⋯⋯。」

　　這個文告,在廣大臺眾中,得到極好的反應。台灣人民在心理上,都已有了準備,等著他們的好日子快點到來。

四、台灣到哪裏去？

　　中國人民全國勝利的日子愈接近，南京反動派在台灣的掙扎，會愈更加瘋狂，想把台灣作為最後反共的保壘，保持他們的一點實力，再熬到他們所渴求著的「第三次世界大戰」中翻身；美帝也為了保持西太平洋的反蘇反共的前哨線，對於台灣的軍事侵略和政治陰謀也會愈更加狂暴起來。

　　但是目前的中國國內情形，與三百年前鄭成功割據台灣圖謀反清復明的時代不同，絕對沒有容許南京反動派在台灣偏安的條件，至少當時的鄭成功是一個民族英雄，反對異族統治者，所以他能夠得到台灣人民的擁護。但今日的蔣介石是屠殺中國人民，出賣國家民族的罪人，已被人民指為第一號的內戰罪犯，他不但不能受到台灣人民的擁護，反而將遭到頑強的反抗。而今日的人民解放軍也與當時的清軍不同，當時的清軍是侵略者，雖然未曾打到台灣，就是打到台灣來，也必遭受台灣人民的反擊；然而，今日的人民解放軍是台灣人民的解放者，它一旦渡海，台灣人民一定響應起來打敗反動派。今日的台灣人民也與三百年前的台灣人民不同，已有團結的力量，已有領導革命的政黨，在適當的時機，也會自動地起來向敵人鬥爭。

　　同時目前的國際情形也與日本侵略台灣的時代不同，日本侵略台灣時，台灣人民既沒有國內人民的援助，又沒有世界革命勢力的支持，孤軍奮鬥，尚且給與日寇非常嚴重的打擊。何況今天中國人民已有自己的民主政權，而這個政權決不是像當時的腐敗無能的滿清政府，它絕對不會出賣台灣，全中國人民也絕對不會放棄台灣人民的利益而不顧，加之又有以蘇聯為首的許多民主國家和世界被壓迫民族和被壓迫人民的聲援，所

以美帝對於台灣的侵略，將會為中國人民和世界革命力量所粉碎。

中國人民解放軍的偉大勝利，給與台灣人民很大的希望和鼓勵，台灣人民已經見著光明，雖然目前還須向南京反動派、美帝國主義者、託管派和獨立派的許多敵人，繼續艱巨的鬥爭，但南京反動派的掙扎、美帝國主義者的陰謀、託管派和獨立派的幫兇，都不能阻止台灣的解放了！

台灣風雲正急，暴風將要襲來，黑雲籠罩著全島。但是，風是會過去，雲是會散的。那時候，太陽將出來照耀窒息在黑暗裏三百多年的台灣人民！

附　錄

參考書和參考資料

1. 台灣新生社：一九四七年《台灣年鑑》
2. 徐子為、潘公昭：《今日的台灣》上下冊（一九四六年版）
3. 王子毅：《台灣》（一九四四年版）
4. 林履信：《台灣產業界之發達》（一九四六年版）
5. 掃蕩報社：《二二八民變始末記》（一九四七年版）
6. 勁雨：《台灣事變真相與內幕》（一九四七年版）
7. 台灣正氣社：《台灣二二八事件親歷記》（一九四七年版）
8. 台灣省宣傳委員會：《台灣月刊》（一九四七年四月）
9. 林木順：《台灣二月革命》（一九四八年版）
10. 邱平田：《台灣人民的出路》（一九四八年版）
11. 張琴：《台灣真相》（一九四七年版）
12. 新台灣出版社：《新台灣叢刊》第一輯至第三輯（一九四八年）
13. 其他：自一九四七年三月至一九四九年一月底的上海大公報、上海文匯報、香港大公報、香港文匯報、香港華商報、星島南僑日報、羣眾週刊、光明報、星期報等有關台灣問題的社評、專論及通訊等。

中國人民一定要解放台灣
——一九四九年三月十五日新華社時評

陝北十五日廣播新華社時評,題為:「中國人民一定要解放台灣」,文如下:

美國帝國主義正在進行侵佔中國的領土台灣省的活動。去年十二月間,當國民黨賣國反動政府軍事上遭受決定性的慘敗的時候,美國的合眾社傳出了美國準備直接攫取台灣的陰謀。該通訊社說:美國國家安全委員會已向杜魯門建議,「必須以一切代價在台灣和海南島建設防務」。自此以後,美國帝國主義侵略台灣的活動,即以軍事、政治、經濟、外交和特務等各種形式,更加緊地進行。美國經濟合作署在台灣的侵略計劃,已經擴大,美國記者且已傳出美國不久就要把台灣經濟「合併」於日本經濟的消息。美國西太平洋艦隊司令白吉爾於本月初曾到達台灣,「巡視」高雄、基隆等海空軍侵華基地。美國駐日佔領軍統帥麥克阿瑟,最近經過台灣省漢奸美國奴才廖文毅之流,發出了所謂「要求」台灣獨立的狂吠,並正醞釀將所謂台灣「獨立」問題,提交聯合國討論,首先是打算准許廖文毅以所謂台人代表的資格,出席遠東委員會,提出同樣的問題。不僅如此,麥克阿瑟且已公然發出「在對日和約簽訂之前,台灣仍屬於盟軍總部」的荒謬聲明。美國帝國主義這一切陰謀活動的目的,就是妄圖併吞台灣。美國帝國主義經由其走狗國民黨反動派在中國的殖民地統治,很快就要滅亡了,因此它急欲直接攫取中國的一塊領

土——台灣，作為將來對中國大陸發動侵略戰爭的跳板。與此同時，以蔣介石為首的國民黨反動派，也夢想托庇於美國帝國主義的軍事保護下，把台灣作為最後掙扎的根據地。台灣省偽主席陳誠，在蔣「引退」後且曾表示，在必要時將宣佈台灣「獨立」，就是說：將使台灣在實際上合併於美國殖民帝國主義。

但是美國帝國主義者打算像日本在一八九五年那樣來強佔台灣，不過是在做夢。今天的中國，不是五十四年前的中國了。今天的台灣人民，也不是五十四年前的台灣人民了。就在從前，在日本佔領時期，台灣人民也曾舉行過幾十次武裝反抗，而自從台灣重回祖國版圖以後，台灣人民所自由表示的意志，更和美國間諜廖文毅和美國的其他走狗要把台灣省從中國分立出去並合併於美國的叫喊完全相反。台灣人民曾進行了反對美國帝國主義及其走狗國民黨反動政府奴役統治的偉大英勇鬥爭。為了抗議美國帝國主義侵略中國，一九四七年一月九日，台北萬餘學生曾舉行過雄壯的遊行示威，高呼「美軍滾出中國去」！為了反對美國傀儡國民黨的暴政，兩年以前台省人民曾進行了「二二八」運動，掀起了轟烈的全台灣的武裝起義。台灣人民的這種鬥爭和中國其他各省人民求解放鬥爭的目標是完全相同的，這就是打倒帝國主義、封建主義與官僚資本主義對於中國人民的奴役統治，建立一個獨立的統一的人民民主的新中國，即中華人民共和國。因此，所謂「台灣獨立運動」，乃是對於台灣人民的絕端侮辱。中國人民（包括台灣人民）將絕對不能容忍美國帝國主義對台灣或任何其他中國領土的非法侵略，同樣地亦絕對不能容忍國

民黨反動派把台灣作為最後掙扎的根據地。中國人民解放鬥爭的任務，就是解放全中國，直到解放台灣、海南島和屬於中國的最後一寸土地為止。由於中國形勢已發生巨大變化，中國人民解放鬥爭的勝利一定要在不久的時間內全部實現。中國人民一定要解放台灣，一定要解放全中國。

美帝陰謀侵台事實
──新華社陝北三月十五日電

　　許多消息顯示美國帝國主義正積極圖謀吞併中國的領土台灣省。（一）據法新社本月一日東京電，最近麥克阿瑟總部發表狂妄的聲明，公然提出「在對日和約簽訂前台灣仍屬於盟軍總部（指美國對日佔領軍總部）」，並稱：「台灣目前僅僅是由中國統領而已」。（二）據國民黨中央社本月六日東京英文電，芝加哥論壇報駐東京記者塞門宣稱，台灣的經濟不久即將「併入」在美國管制下的日本經濟中。（三）美國還在策動所謂台灣「獨立」來達到目的。美聯社本月十日自舊金山發出的電報透露：「麥克阿瑟縱容中國人建立台灣獨立國的事情」。上月十八日及本月一日麥克阿瑟已指使美國走狗控制下的所謂台人團體，在東京及香港發出要求台灣「獨立」的叫囂。（四）一月二十四日香港報紙曾載稱：蔣介石「引退」時原來計劃去台灣，當時美國即故意以「根據開羅會議決定，台灣須在對日和約簽訂後始能作為中國領土」為理由，拒絕他去台灣。一月二十二日，即蔣宣佈「引退」的第二天，美國帝國主義的美聯社自台北發出的電訊曾放出空氣說：「如果蔣介石來台灣逃避共產黨的懲罰或成立流亡政府，並將在一塊向未正式屬於中國的領土上工作。」前引香港報紙消息指出：「這種姿態是裝給中共看的，萬一華南全部變動，中共進攻台灣，美帝即可以這事先的聲明，而同樣加以拒絕」。

　　與此同時，據另一香港報紙報導，麥克阿瑟已派遣代表赴台灣從事軍事的，政治的，經濟的，特務的各種活動。二月間，麥克阿瑟曾將孫立人接往東京秘密會議，眾信亦與美國侵

略台灣的陰謀有關。

　　最近又一次在市場上出現的所謂「台灣獨立運動」是麥克阿瑟商標的美國貨。上月二十八日和本月一日，一小撮的與美國走狗用了「留日台灣學生聯盟」及「爭取台灣再解放聯盟」的名義，在東京及香港發出要求台灣自中國「獨立」的口號。這些所謂台人團體，他們的會員不會超過一打，這首腦人物是美國奴才廖文毅及廖文奎兄弟。這一對美國走狗原來是台灣南部的大地主，日寇統治時代勾結日本政府欺凌台灣人民，霸佔台灣人民的土地。國民黨反動政府「開省」台灣後，廖氏兄弟一變而為國民黨政府的官員。幫國民黨壓迫台灣人民。因為貪污舞弊罪惡昭彰，遭到台灣人民痛恨，國民黨政府乃被迫將他們撤職。廖文毅廖文奎因早年留學美國，並娶了美國老婆，因而得到美國帝國主義的寵幸，在日本投降後取得了在台灣推銷美國煤油的壟斷權，成為美國對台灣經濟侵略的大買辦。此後他們就任為美國間諜機關情報員，往來於東京、香港、上海等地，許久以來即專門假借台灣人民名義製造要求「台灣獨立」的空氣。所謂「台灣獨立」就是美國直接吞併台灣的代名詞。上月十日據香港的一家報紙披露：「美國正在策動台灣獨立運動，並準備台人派代表出席遠東委員會，該所謂台人代表已由麥克阿瑟指定為廖文毅。」民族敗類廖文毅之流最近重又發出要求台灣「獨立」的無恥叫囂，就是因為麥克阿瑟給他們下了命令。

一九九二年台灣版序

◎蔡子民

　　《憤怒的台灣》一書以十分之六的篇幅，記錄了台灣光復到一九四九年初約四年的台灣內外形勢和台灣人民的鬥爭。我正是在這個時候認識著者蘇新，並和他在台北、上海、香港等地共事或通信，一起鬥爭過來的。他作為報紙編輯，廣泛搜集材料，反覆核實，寫出了內容充實、論述中肯的好文章。在寫之前和之後，我們常交換意見，我從中得到不少教益，至今難忘。有關「二・二八」的記述都是他根據親身經歷和所採集的第一手材料寫成的。內容極為豐富紮實，因而長期以來常被引用。近年來，「二・二八」在台灣能公開談論之後，各方面都在挖掘有關「二・二八」的新史料，出了不少有價值的書。但其描寫的「二・二八」的輪廓並沒有超出《憤怒的台灣》，所以今天在台灣重新出版該書，對於了解「二・二八」仍很有參考價值。

　　為了明確這段台灣人民鬥爭的意義和歷史地位，《憤怒的台灣》以十分之四的篇幅，較系統地敘述了台灣的歷史，雖比較簡略，但著者的台灣史觀很值得重視，著者在「自序」中說：「台灣人民的生活和鬥爭決不是孤立的，必然地與當時的國內外情形有密切的關係」。為什麼？

　　歷史上，台灣原住民早就同大陸人民有接觸和文化交流，但一直到十六世紀中葉以前，台灣因人稀、「地乏奇貨」，不大被外界所重視，來往很少。十五世紀初，鄭和七下西洋，沒有到過台灣，只是到「赤嵌汲水」。一五四五年葡萄牙輪船經台灣海峽時，發現台灣，但只喊「伊啦，福摩薩」（意為啊，

美麗之島）而去日本。到了十六世紀中葉，即明朝中期之後，中國東南地方的工商業日趨發達，沿海漁民、農民開始一批一批地移往台灣，披荊斬棘，和原住民共同開發台灣，台灣的歷史起了根本性變化。日本和西方勢力隨之注視台灣，倭寇以台灣為基地，侵犯中國大陸沿海。荷蘭、西班牙侵占台灣，發展東方貿易。之後鄭成功收復台灣，不久清朝統一台灣。大陸漢族人民掀起幾次移民高潮，建立了以漢族為主的台灣社會。到十九世紀鴉片戰爭之後，西方殖民勢力企圖以台灣作為跳板，侵略中國大陸，台灣終於被日本侵佔五十年。台灣光復後不久，國民黨敗退台灣，又有一大批漢族人到台灣。同時，美國把台灣作為牽制中國大陸的「不沉的航空母艦」，控制台灣。

綜上所述，大陸漢族人移往台灣，開發和建設台灣，台灣成為中國的一部分，而外國勢力侵占或控制台灣，覬覦大陸。台灣的歷史與大陸分不開，與國際形勢有密切關係。台灣人對台灣地方政權的封建專制統治進行過憤怒的鬥爭，但不是叛國、獨立；對外國勢力的殖民統治和壓迫已進行過性質不同的憤怒的鬥爭，志向回歸祖國。我認為這就是《憤怒的台灣》的中心思想，也是台灣的歷史現實。以這種史觀來分析今天的台灣，將會有很多啟發。

一九九二年十二月

人間版附錄

談台灣解放問題

◎蘇新

台灣問題是整個中國問題的一部分,因此,台灣解放問題是絕不能與中國人民解放戰爭分開。必須站在中國革命的一邊,台灣才能解放。因為:(一)台灣是中國的領土,台灣人民也是中國民族。(二)台灣的社會性質,雖然有某些程度之差,但基本上還是半殖民地和半封建的社會,這點與中國其他任何省份都沒有差別。(三)因此台灣解放鬥爭也是與整個中國革命一樣,必須完成反對帝國主義,反對封建主義,反對官僚資本主義,這三項任務。尤其是在目前,由於反動派賣國政府的出賣,台灣殖民地化的危機日趨嚴重,三項任務之中,反對帝國主義的任務是應該更加重視的。

我們對於台灣的歷史,台灣住民的民族成份、政治經濟的情況,以及目前的局勢,如果稍有正確的認識,對於上述「台灣解放問題」的這些基本觀點,是沒有懷疑和反對的餘地。

(一)**在歷史上**:公元前二一九年,即秦始皇二十八年,就有漢人到台灣的事實;公元前一三五年,漢武帝建元六年,大陸與台灣的交通,已經相當頻繁,這時代台灣只有極少數的先住民馬來族,還未歸屬任何國家的版圖,至隋朝大業元年(六〇五年),台灣住民已有了不少的漢民族,從此時起台灣就成了中國的土地。一六二四年以後,雖然為荷蘭和西班牙所侵佔,但至一六六一年,荷、西就被鄭成功趕走了。鄭氏三代統治台灣二十三年,這時期可以說是漢民族獨立的台灣,直到清朝康熙廿三年(一六八三年),台灣即正式歸併清朝,為福建省的一部分,光緒十二年(一八八六年),改建行省,稱

為「台灣省」。「甲午之役」，滿清割台灣給日本，這是日本對中國的侵略。日本侵佔台灣時，台灣官民反對割讓，建立「台灣民主國」，還是為了反抗日寇，並不是台灣人民要脫離中國，企圖獨立（看：「台灣民主國成立宣言」）。中國抗戰勝利，台灣歸還中國。這完全是「失土的收復」，開羅宣言和波茨坦宣言均有明文規定，國際上任何國家都已經承認，日本也確認這個條件而投降的，實際上，也已於一九四五年十月廿五日正式收復了。歷史上，台灣是中國的一部分，這是很明白的。

（二）在民族上：台灣住民的絕大多數是從閩粵兩地移住來的，血統、言語、文化、風俗習慣都完全與閩粵相同，是百分之百的中國民族。據一九四四年的統計，台灣住民的民族分類如下：閩人四百九十九萬六千九百八十一人（佔百分之七十五・七），粵人九十一萬三千〇九十九人（佔百分之十三・八），其餘各省人（日治時代的所謂「華僑」），漢族統計：五百九十一萬〇三百二十八人（佔百分之八十九・五）；日人四十六萬五千人（佔百分之七），高山族二十二萬四千〇八十人（佔百分之三・四）；現在日人已經走了，所以除了二十多萬高山族和少數外國人之外，全部都是漢民族（應該佔百分之九十七以上）。

在荷、西、滿、日等異民族統治台灣的期間中，台灣人民掀起了無數次的武裝暴動和政治鬥爭，這證明台灣人民民族意識的堅強。

日本統治了台灣半世紀，在這期間中，雖然有多少台人與日本人結婚，產生了少數「台日混血兒」，但其數目已不足道，未能左右台灣問題。

（三）在經濟方面：由於經過日本五十年的經營，在台灣資本主義確有某些程度的發展，但本質上是依靠日本本國的「殖民地經濟」，沒有獨立性，而且也不是正常的資本主義的發展。所以不能因為在台灣資本主義有某些程度的發展，就以為台灣的基本社會性質是資本主義。又台灣收復前，台灣的「土地所有權」確實已達到相當程度的集中，日本官有土地佔百分之七十三以上。但在「土地經營」方面，大部分仍然是小規模的舊式農業，封建剝削制度還是普遍在存在著。我們必須認清，「土地所有權的集中」與「土地經營的集中」的區別，否則，對於土地制度改革問題上，就會犯了嚴重的錯誤。例如：祗根據「土地所有權集中」的現象，就以為台灣可以馬上實行「土地國有」，來反對中共「土地法大綱」的原則。

台灣收復後，從前日本的資本主義企業和土地都成了四大家族的官僚資本，而表面上雖然四大家族的官僚資本控制著台灣全體的經濟命脈，但這些官僚資本之中，美帝資本佔了一大部份。又由於賣國政府的出賣，美帝對台灣的經濟侵略，也已達到相當程度。目前賣國「政府」離開了美帝資本，無論任何小事業都建設不來（如：鐵路、水利、水電、鋁業、水泥、礦業等都是依靠美帝資本）。

（四）在政治上：台灣目前是反動派賣國「政府」最安定地方，而最近反動派把大部分的各種軍事力量遷移台灣，加強反動統治機構，剝奪一切自由，想以台灣作為最後基地，反抗中國人民到底。美帝也正拼命的加緊軍事侵略，再加上了惡辣的政治陰謀，為的是要阻止台灣落入中共之手，確保太平洋的反蘇、反共、反中國人民的這條前哨線。

因為反動派的反革命戰爭，完全是依靠美帝，所以反動派

在台灣，都不能反對美帝對台灣的侵略和陰謀，凡事都要順從美帝的安排。目前的台灣，決不是國民黨反動派的單獨統治，而是美蔣的聯合統治。

從上述各點，我們可以明白：台灣解放鬥爭是中國解放戰爭的一部分，所以離開「中國革命」而另找台灣解放的道路是不可能的。尤其是敵人的反革命力量在台灣佔絕對優勢，而且殖民地化的危機日趨嚴重的今天，台灣人民也祗有聯合全國人民的革命力量，在中國革命的統一領導之下，才能打倒美蔣的反革命勢力，才能得到最後的解放。當然，台灣的解放鬥爭，主要的還是靠台灣人民自己的主體努力，但是沒有全國人民尤其是人民解放軍的援助，其成功的可能性是很少的，前年二二八民變的失敗是很好的證明。所以，不管他是意識的或無意識的，反對或妨礙台灣人民與全國人民的聯合，主張分離、託管、獨立，而製造親美的幻想，挑撥反共反蘇的感情，特別是製造模糊的「反中國」思想，這些不但是錯誤而且是反動，這些人不但是台灣人民的敵人和台灣解放運動史上的罪人，對於中國革命也是犯了許多罪惡。

其次，從整個中國的立場來看，也必須解放台灣。台灣既然是中國的領土，台灣人民是中國民族，那麼，中國革命也必須進行到解放台灣，才能說是「全國勝利」。何況台灣在軍事地理上是佔著很重要的位置。假使台灣不能解放，而任反動派盤踞，使其作為捲土重來的基地！或為美帝所控制，作為反蘇、反共、反中國人民的堡壘；這對於新中國的建設和保衛也是極大的威脅。

台灣人民曾經受了二百多年的滿清封建統治，曾經受了半世紀的日本帝國主義的踐踏，收復後又飽受了國民黨反動派的

踐踏，其犧牲和痛苦已經太多了！祇由這一點，國內的同胞也應該趕快起來幫助台灣同胞，從美帝的侵略和反動派賣國政府的黑暗統治解放出來！

　　　　　　――原載一九四九年二月十六日香港《光明報》
　　　　　　　　　　　　　　　　　　第二卷第十二期

如炬的目光
——讀蘇新先生遺稿〈談台灣解放問題〉

◎陳映真

一

感謝曾健民兄不懈地努力追尋一九四五年到一九五〇年間台灣光復初期史料，使台灣著名革命者、思想家蘇新發表於一九四九年三月的時論稿〈談台灣解放問題〉得以出土了。

一九四七年二月事發後，蘇新和謝雪紅等出亡香港，不久在港成立「台灣民主自治同盟」。迨一九四九年三月發表此文，中國內戰總的形勢早已發生巨大變化：解放軍已在遼瀋、淮海及平津三大戰役取勝後進入北京。蔣於前一年十二月「下野」。「代總統」李宗仁率團赴北平近郊西柏坡與中共進行和談。估計蘇新文章發表不久，台灣民主自治同盟就要取海路北上入北平了。

這篇文章再次表現出蘇新對台灣前途問題的眼光之高遠敏銳。早在五十三年前，蘇新就洞燭美帝國主義及其僕從要把台灣從祖國分裂出去，據以為反對中國革命、反對包括台灣人民在內的中國人民的反動奸計了。

蘇新在文章中花了不少篇幅論證台灣島在歷史上自古以來是中國的領土，而在台居民在民族上絕大部份屬於漢族。蘇新不惜辭費地把這不辯自明的史實概述一遍，對照文章後半部蘇新對美帝國主義及其島內的僕從必欲霸占和侵略台灣，以「阻止台灣落入中共之手，確保太平洋的反蘇、反共、反中國人民的這條前哨線」，呼籲警惕台灣內部少數反動派面對全國解放

的壓力暗中蠢動的台灣「分離、託管、獨立」以及「反中國」陰謀的文字，就能理解蘇新以史實捍衛中國對台灣顛撲不破的法理主權的用心。當然，隨著中國革命勝利的發展，隨著國民黨腐敗、反動統治在全國範圍的崩解，美帝國主義干涉中國內政，武裝侵奪台灣的陰謀也在急速發展。遠的不說，一九四七年三月美帝在港總領館就利用少數一批不肖台民，炮製了一個「台灣民主聯盟」，以它的名義，向聯合國要求「台灣自治、聯合國監督」。同年七月在美國外交特務人員的引薦下，第一代台獨運動頭頭廖文毅在大陸面謁來華美國魏德邁將軍，齎呈〈處理台灣問題意見書〉倡立台灣分離主義。

及一九四九年元月，美國眼見中國內戰已經急轉直下，國民黨敗亡、台灣解放成指日間事，美國「國家安全會議」緊急向白宮建議阻止中共解放台灣，以免成為蘇聯在西太平洋據點，一定要設法將台澎與解放在即的大陸隔離起來。並且為了方便美國的干預，首倡所謂「台灣地位未定論」，詭稱戰後台灣僅由國府「實質占領」，否定國府對台灣的主權享有，而台灣最終的法律地位，則有待來日對日和約中決定！

同年二月，美「國安會」建議當局在台灣培養取代蔣介石的「非（反）共華人政權」，並與台籍親美反共領袖人物接觸，以使在「符合美國利益時」，策動並利用「台灣自主運動」，把台灣從中國分離出去。三月，同國安會又建議「一旦台灣局勢告急」即進行「台灣獨立」，策動美國的「友邦」向聯合國提案由聯合國「託管」台灣，「實行公民投票」達成「台灣自決」。

隨著東西冷戰形勢的激化和中國內戰中民主勢力的節節破竹似的勝利，美帝國主義必欲侵佔台灣島的野心也變得更明目

張膽,引起台灣革命者深切的警惕和明敏的戒心。一九四八年六月,楊逵首先在〈台灣文學問答〉一文中最早發出台灣有「拜美派」、親日派,有人搞台灣託管運動,公開嚴厲指斥為美日帝國主義,為台灣分離運動服務的文學是「奴才文學」!二‧二八事變後潛港組織「台灣民主自治同盟」的謝雪紅,也迭次向台灣人民呼籲「反蔣也要反美」。一九四九年一月,楊逵公開發表〈和平宣言〉,開宗明義,就呼籲台灣人民反對「台灣獨立」的圖謀,一九四〇年代中後,台灣幾位革命先行者們,以如炬的目光,早就看穿了美帝國主義干涉中國革命,無恥霸佔台灣的陰謀,從而不遺餘力地為反美拒獨大聲疾呼。一九四九年三月蘇新的這篇文章,尤其鮮明地提出在解放台灣的鬥爭中,反對美帝國主義、遏止民族分離主義的任務之重要性。今日讀之,仍然具有強烈的、重大的現實意義,既令人感佩,也令人感慨無已。

二

在蘇新這篇文章中提出以反對美帝國主義為台灣解放革命的重大任務,絕不是一般論,而有重要的理論意義。長期以來,沒有見過有關四〇年代中後台灣新民主主義革命的理論文件,但蘇新此文雖然寫得簡約,卻足以窺見當年在中共台灣省工委領導下台灣解放運動的理論認識。

蘇新說:「台灣社會的性質,雖然有某些程度之異,但基本上還是半殖民地半封建的社會,這點與中國其他任何省份都沒有差別」。鴉片戰爭使台灣在全國由封建社會淪落為半殖民地半封建社會的總過程中也從封建社會變成半殖民地半封建社會。清廷割台後,台灣自半殖民地半封建的中國社會成為日帝

殖民地,社會性質又進一步淪為「殖民地半封建社會」,直到一九四五年日帝敗走,台灣復歸於由帝國主義、地主豪紳、官僚資本和買辦資本統治的半殖民地半封建中國,台灣人民和社會同被納入這個半殖民地半封建社會,同受其統治。中國共產黨在科學地規定了中國是個半殖民地半封建社會的基礎上,明確了中國革命的對象是帝國主義和封建及半封建的統治勢力:大地主階級和官僚資產階級;革命的主力是中國工人和農民的聯盟,及以之為核心和革命民族資產階級、小資產階級等組建的革命的統一戰線;革命的性質是最終向社會主義過渡的資產階級性質的新民主主義,而革命的任務,自然是「反對帝國主義、反對封建主義、反對官僚資本主義⋯⋯」。因此,蘇新認為,作為半殖民地半封建社會之一部份的台灣社會的解放鬥爭,其性質和任務和全國的解放鬥爭「一樣」,只是在一九四九年二、三月間台灣所面對美帝國主義嚴峻威脅下,主張「尤其是在目前,由於反動派賣國政府的出賣,台灣殖民地化的危機日趨嚴重⋯⋯反對(美)帝國主義的任務是應該更加重視的。」

　　蘇新在文章中特別討論了日據下台灣資本主義性質問題,認為殖民地台灣社會的性質斷不是資本主義。他認為殖民地「台灣的(本地)資本經濟雖確有某些程度的發展,但本質上是依靠(即依附⋯⋯作者)日本本國(大資本)的『殖民地經濟』,沒有獨立性;也不是正常的資本主義發展,所以不能因為在(殖民地)台灣資本主義有某些程度的發展就以為台灣基本社會性質是資本主義」。

　　這一段話應該有針對性,看得出有人主張日據下台灣已經資本主義化,社會性質大不同於大陸者,從而欲「另找台灣解

放的道路」。我們知道六○年代的台獨運動中,就有人主張日本統治下的台灣社會資本主義化了、「現代化」了,並已形成資本主義現代城市,台灣人新興市民階級登台,產生了不同於傳統中國人意識的、現代化「台灣人意識」和文化,謂之「文化民族主義」,並以此為台灣分離運動的「理論」。另外蘇新也在文章中指出,半封建的、小農制的地主佃農關係,即「小規模的舊式農業」和「封建剝削制度」的土地經營普遍存在,來駁斥混淆「國有」土地所有權的集中與土地經營權集中的不同概念,似乎也在說明台灣社會並不是資本社會,同時批判某種經由「國有化」大量日產土地而不必經由新民主主義變革,「另找台灣解放的道路」的主張。

三

蘇新這篇短文也留下一些理論課題。一直到今日有一些人總是一般地說國民黨來台接受日帝時代公私產業為「國有」產業是舊中國「四大家族」的「官僚資本」。蘇新也持同樣看法。這些產業與自清末官民資本以迄四○年代大陸「四大家族」為核心的「官僚資本主義」是否相同,頗有疑問。先不說四九年後四大家族中孔、宋兩家避寓外國,來台陳家政治、經濟上兩皆沒落,「四大家族」成昨日雲煙。今天看來,台灣資本主義的「公營」(在法律產權上的「公有」性)與私營的二重構造、以及近年中公營資本被李登輝時代的國民黨財閥逐步明中暗裡侵蝕而私有化、以及綠色政權執政後爭先恐後侵奪公營企業的經營權而綠色化、以及公營企業在五○年代以後長期將其剩餘為公共設施、巨型火車頭產業(如石化)投入龐大資金⋯⋯都說明不能以傳統的官僚資本去看待。

其次，蘇新說到一九四九年三月當時美國帝國主義資本在台灣「鐵路、水利、水電、鋁業、水泥、礦業等」各廠礦的投資，似聞所未聞。美帝國主義資本對台灣的滲透和大規模、系統的支配，似是在一九五○年韓戰爆後，美帝在對台政策上終於確定扶蔣、支台、反華圍堵之後。蘇新何所據而云然，值得研究。

四

蘇新文章最突出的先見，是他看到美國必欲對台灣進行殖民地統治，台灣受美帝國主義「殖民地化的危機日趨嚴重」。而美帝「拼命的加緊」對台「軍事侵略」的目的，在「阻止台灣落入中共之手，確保太平洋的反蘇、反共、反中國人民的這條前哨線」。

歷史證明了蘇新的先見之明。一九五○年六月，韓戰爆發，美帝國主義封斷海峽，致祖國自此長期分裂，使台灣成為從阿留申羣島、日本、韓半島、台灣和菲律賓這一條圍堵中國的島鍊和「前哨線」之一環。而台灣也自此成為美帝國主義的新殖民地，自蔣氏政權迄今日陳水扁台獨政權，台灣新殖民地性只有變本加厲之一途。

當然，台灣不是一般意義上的美帝新殖民地。首先，她不是一個自來獨立自主「國家」的新殖民地化，如菲律賓等。她在主權上於今日國際社會中鮮明昭著地是中國領土的一部份。但由於冷戰歷史的遺留，雖然和中國訂定三個公報，但至今美國對台灣依然進行政治、經濟、外交、軍事和文化的全面支配，並以「與台灣關係法」使台灣直如美國屬地。近年來，美台不斷升高軍事勾結，把台灣綁在美國圍堵和進攻中國可能引

起戰爭的最前哨，成為民族自相殘害的犧牲品。五十多年來，「台灣不能解放，而任（蔣、李、陳）反動派盤踞」，作為反華、反民族基地，「為美帝所控制」……「這對於新中國的建設和保衛」造成「極大的威脅」。今天重讀蘇新這一段語重心長的敵語，對於這一位著名台灣人革命先行者如炬的目光感佩無已，更有一份沈痛的感慨。

我們感慨的是，五十餘年來，二二八民主自治鬥爭後，台灣反蔣反獨裁鬥爭運動的歷史，始終缺乏反對美帝國主義的意識，反對長期受到欺騙，誤將鼎力扶持國府獨裁反動統治的美國看成台灣民主運動的朋友和依靠，在美蔣長期挑撥下，失去聯合大陸人民解放自己的眼界，甚而進一步「主張分離，託管、獨立，而製造親美的幻想」……製造「反中國」思想，至有今日「錯誤而且反動」的局面。

美帝國主義對台灣的新殖民地統治，以及以此為基礎的兩岸分裂對峙，和台灣當前依附性獨占資本主義的統治，是當前台灣社會的主要的和基本的矛盾，深刻認識這些矛盾，高舉反對美帝、要求國家自主統一、和以工人階級與進步市民為核心的反帝、民族自主化統一及反獨占的新的民主鬥爭，正是今後台灣變革運動迫切的理論與實踐的課題。重讀革命先行者蘇新佚而復出的文章，不能不深感到一九四七年二月事變後台灣反對美帝及其反動扈從的工作和理論的嚴重落後、空白和荒蕪，亟有待於今後急迫的建設與發展。

——寫於二〇〇二年

重讀蘇新〈談台灣解放問題〉

◎林書揚

　　二十世紀二〇年代後期,到三〇年代初,短暫的台灣共產黨活動期間,著名的核心分子蘇新,在一九四七年二月民變後為了逃避台灣當局的追捕而潛赴上海,再轉香港。而在那一段滯港時期,曾經是台共成員中公認的組織長才蘇新,扮演了思想戰線上一位尖兵的角色,主持了一家名叫「光明報」的政論刊物。在該刊物的第二卷第十二期上,蘇新以「莊嘉農」的筆名登一篇文章,題目是:〈談台灣解放問題〉。時間是一九四九年二月十六日,正是二‧二八事變爆發兩週年的前夕。

　　該篇文章長度不過三千字。把「台灣解放」的當代歷史課題,從歷史事實、社會性質、政經焦點,外在因素等各方面加以明確的界說或定位,結論是:「台灣解放鬥爭是中國解放戰爭的一部分。所以離開『中國革命』而另找台灣解放的道路是不可能的。尤其是敵人的反革命力量在台灣佔絕對優勢,而且殖民地化的危機日趨嚴重的今天,台灣人民也只有聯合全國人民的革命力量,在中國革命的統一領導之下,才能打倒美蔣的反革命勢力,才能得到最後的解放……」。

　　近日有機會重閱這份文件,除了情緒上有幾分今昔之感外,也難免一陣思潮起伏。世紀甫改,兩岸情勢又見暗雲低垂。主政者高喊「一邊一國」、「台灣要走自己的路」,而民粹喝彩,過半數民眾表態支持。此時此刻,蘇新的這篇文章,不必否認,和當前台灣一般人的心理心情,顯然有相當的距離。

回顧五十年時空背景的推移變遷下，台海兩岸關係的本質，即使在經歷漫長的內戰、冷戰、後冷戰，直到全球化總趨勢下的跨世紀年代，仍舊不脫離嚴苛的矛盾對抗狀態中。而在同一時段中，世界‧亞洲的政治地圖一變再變，也有幾個國家地區社會，出現以生產領域的技術擴張為基礎的結構性演變，形成了二十世紀後葉的重大的時代特色。

　　而兩岸當年在戰火中決裂分道，各自奔前。直到一九七一年，經過聯合國一場決議案，北京的中華人民共和國政府被認定具有中國主權代表權。在國際社會中的長年懸案——中國代表權問題，於此獲得解決。邇後對岸屢次宣示，改軍事解放為和平統一、一國兩制，但此岸則始終以維持非戰狀態中的冷分離為原則。除了民主化本土化的基本防線外，也以八〇年代的經濟起飛和九〇年代的代議民主制的初步確立為抗拒的社會條件，另以美國的「台灣關係法」為外支條件，堅持至今。在這期間，台灣的民心民情，在執政當局的民意經營政策的影響下，民粹高漲，時而顯出嚴重的失衡失真現象。像蘇新的這篇文章，認為是「統派」的恫嚇手法者有之，認為是過了時的「共產黨八股」、毫無現代意義者有之。

　　其實，這是一份歷史文件。是國共內戰期中，針對一塊「未解放」地區台灣的住民同胞們，所發出的呼籲和警語：「台灣人民曾經受了二百多年的滿清封建統治，曾經受了半世紀的日本帝國主義的踐躪，收復後又飽受了國民黨反動派的踐踏，其犧牲和痛苦已經太多了，祇由這一點，國內的同胞也應該趕快起來幫助台灣同胞，從美帝的侵略和反動派賣國政府的黑暗統治解放出來！」一位政治亡命者，對將要被捲進世紀大風暴的故鄉，那一刻所懷有的關切與焦慮，可以說溢於言表。

的確，面對著國民黨軍隊在大陸戰場上節節敗退，憂心終究保不住台灣島的反動派，和相信台灣一旦落入中共之手，將對美國在戰後亞太地區的戰略利益產生極大的不利影響的部分美國官員，相互勾結製造出「台灣託管」和「台灣獨立」的聲音，作為萬一的輿論準備，當時已成公開的秘密。這種情況，讓人在香港的蘇新受到衝擊和警惕，而有此一文，也屬當然。

　　不過，為了使當代年輕人跨越五十年的時空遷移去瞭解四〇～五〇年代台灣的客觀處境和社會實態，特別是針對「蘇文是內戰時代共方慣用的『反帝反封建歷史任務論』片面套用在台灣的宣傳品」的提法，有需要做幾點說明。而這一種說明和註腳，主要取之蘇新的另一本著作《憤怒的台灣》，筆者認為是適當的。此外，再參照其他有關的研究文件，做必要的補充或延伸，或能產生一定的釋疑作用。

　　首先，就台灣戰後復歸為中華民國海外省的政治建制，及被導入中國東南經濟圈的特殊外圍部分的實際運營模式而言，台灣地方政權結構體，亦即台灣省行政長官公署的特質和形態，自始便呈現出黨國體制的反動性格和高壓體質。如：行政長官兼省警備總司令官，集政、軍大權於一身。依「台灣省行政長官公署組織大綱」規定，長官在「職權範圍內」可發佈並執行「署令」。如此情形極似日據時代的台灣總督以「府令」統治全台。警備總司令部設有「特務營」，為情治系統的全島性佈建中心。回復日據時期的民政基層為「鄰里組織」以便必要時實施連坐法。以省黨部為頂點的各級黨部的黨工系統，以及「三民主義青年團」的「三青系統」，在主要的民眾組織、文化團體、傳播工作網、出版機構、藝文團體和設施，不論營利非營利，幾乎都在其直接間接的監控之下。有一數值，日

據時代「台灣總督府本廳」人員一萬八千,而「台灣省行政長官公署」編制人員則多達四萬三千。至於其內部人事結構,在二・二八事變前,編制人員中的台籍者仍然極少。而最能表示黨國體制的反人民性質的一件事,是行政長官公署成立後不出旬日,便針對所有人民自行成立的團體發出解散命令。而那些人民團體多數正是殖民地時代的反日社運團體——如:文化協會、農民組合、總工會、學生聯盟等的重建籌備團體。

至於經濟方面,戰前的對日關係變為對大陸關係。陳儀政權藉口防止戰後大陸經濟的極端疲弊和通膨失控波及到台灣,維持台灣貨幣的獨立性,卻在比價上壓低台幣,使得兩岸貿易中台灣的米糖價偏低,來自大陸的工業製品或雜貨則價位偏高。日本的公・官營企業及其資產,由「台灣省接管委員會」接管,民間企業及私財則由「台灣省日產處理委員」接收。其總額到一九四七年二月底為止,除了土地外,公機關二十九億三千八百五十萬圓,民間企業七十一億六千三百六十萬圓,民間私產八億八千八百八十圓,總共五萬八百五十六件,一百〇九億九千〇九十萬圓。如此巨大的「敵產」,亦即日帝五十年的掠奪剝削的巨大積累,不曾歸還於飽受壓榨的人民,卻落入了陳儀政權手中。使得台灣省行政長官公署變成了擁有全省產業的百分之八十,全省土地的百分之七十的戰後台灣官僚特權集團的司令部。而這些企業、土地、資源,則主要委由江浙財閥分子組成的「資源委員會」管理和經營。而甫見戰爭結束,滿目戰災,急待復元的台灣社會卻因工農生產嚴重萎縮,惡性通膨似無止境,致使一般中產家庭貧民化,貧民飢民化,和「接收大員」、「光復新貴」、「投機業者」的光鮮生活形成了強烈對比,其結果便是一九四七年二月民變的

爆發。

　　以上幾段，其實是陳年舊事眾所周知。之所以不憚煩冗加以簡述，用意在於針對蘇文中所指的國民黨反動政府的「惡政」作簡單的註腳，指明蘇新的抗訴並非國共相鬥時期的公式化論告，而是具有活生生的社會現實和數百萬人民的痛苦集體經驗為基礎的。回顧才兩年前，台灣民眾迎接光復的那種興奮和解放感，難免令人興起歷史無情的感慨。

　　下面再提蘇文中的另一指控對象──美國帝國主義對台灣的軍事政治野心，和秘密操控「台灣地位未定論」、「台灣託管論」、「台灣獨立論」的事實經過。蘇新在他滯港時期出刊的《憤怒的台灣》中，曾做過比較系統的收證論述。該書十一節，取題為「美帝國主義在台灣」，再分三子題，美帝在台灣的軍事侵略；美帝在台灣的經濟侵略；美帝在台灣的政治陰謀。論述涉及的時間起自一九四五年到一九四八年。現在就其大致內容略作介紹。

　　首先，日本投降後的台灣佔領任務，包括解除日軍武裝，遣送回國，是由「聯軍最高統帥」麥克阿瑟，委由「遠東戰區總帥」的蔣介石負責執行。麥帥乃依此授權身分，且乘當時中國國軍的多項裝備不足，一方面提供必要的海空軍力的支援作業，同時秘密佈置了陸軍部的情報系統，進行範圍廣泛的台灣兵要調查。一九四六年十月間，要求蔣介石及外交部長宋子文，聚首於台北草山，麥帥提出中國政府承認美軍在台灣的特殊地位，包括建構基地。蔣氏面臨內戰再起的壓力，先要求美國派遣軍事顧問團常駐南京，同時允諾美國把駐菲律賓的三軍基地部分延伸到台灣。一九四七年三月，蔣軍攻進延安。六月，南京的美軍事代表團一行二十人到台北，進行調查研究。

八月,魏德邁親自赴台策劃美軍三軍基地的設置問題。為了掩蓋真相,魏德邁還對台灣省參議會發表談話表示「美國對台灣不具有任何領土野心」。不久,美國空軍由琉球基地和菲律賓基地抽出部分軍機駐進台北松山、台南、新竹三機場,隸屬美太平洋第十三航空隊。蔣軍因內戰失利,其空軍包括空軍官校也於一九四八年底,在美軍協助下,悉數遷來台灣。

海軍方面,一九四七年五月間,國府同意美海軍使用基隆港口設備。一九四九年春,國府再度同意美海軍在青島、基隆兩港的自由碇泊權。此外,青島的美海軍設施遷來澎湖馬公軍港,國府海軍總部則同時遷來高雄左營。日本海軍曾經計劃在左營建設遠東第一大軍港而已著手施工,美蔣海軍單位聯合接手未完成部分。

陸軍方面,美國駐台單位主要是情報和訓練小組。美陸軍駐馬尼拉司令官於一九四七年十月間,亦即大陸上國共內戰再度全面化(七月間)後不久,秘密訪台,與蔣軍要員舉行軍事會議。

以上,美國軍方在兩年內戰期間快速加強在台佈置,其用意極為明顯。不外藉此表示美國的反共聯蔣保台的決心。亦即,戰後資本帝國主義的基本態勢的必然展示。

經濟方面,南京國府著手接收台灣初期,美方除了提供軍事方面協助外,同時也許諾協助大型公營基幹產業的復興工作。相當量的美國技術幹部進入水泥、鋁業、煉油、軍機修復廠等部門。一九四六年,麥帥和蔣、宋的草山會議中,麥氏要求:(1) 美國私人在台投資應視同本國人投資,不加外國資本的限制條件,一如美國資本在菲律賓。(2) 美軍方所雇用的日本人技術人員,中方應許其特別居住權。(3) 基隆、高雄兩港

闢為國際自由港。(4) 美方出資完成日人所擱置的東勢水力發電廠。

美國資本家戰前長期投資在中國大陸，數額龐大，卻因戰爭而一大部分遭到日本佔領軍的強奪破壞；乃有意在新收復的台灣，趁著南京國府在內戰中的困境尋找機會。至一九四九年，台灣省資源委員會的經營資金絕大部分仰賴美國資金，以最大企業的台糖為始，台泥、台鋁、台電、金銅礦、煤炭、交通郵電等，其一美元貸款已達數十億元。此外還有所謂「經濟合作署」的「援華計劃」部門。一九四九年八月所謂「艾奇遜白皮書」發表，國府準備遷台的前夕，「經合署」發言人猶表示「美國在其遠東計劃中並未計劃除去台灣」。

蘇新著《憤怒的台灣》一書中，「美帝在台灣的政治陰謀」一節篇幅最長。詳述從光復到二月民變，內戰劇化，國府在大陸的統治地位行將結束的不及五年時間中，美國對台政策的基本立場和執行經過的明暗兩面，都有廣泛的收證和剖析。為了節省篇幅，筆者只提幾個重點。(1) 美軍方情報單位在光復初期便利用台灣民眾對接收人員的失望情緒，在民情調查中突出台灣人「反中親美」的結論。(2) 二‧二八民變中操作部分羣眾提出「以台灣人民名義要求美國提供支援」。且由香港美國領事館的華籍情報員虛構「台灣民主聯盟」聲明台人有權自組政府並要求聯合國託管。(3) 廖文毅帶頭的「台灣再解放聯盟」向魏德邁提出「處理台灣問題意見書」要求美國協助將台灣置於「聯合國託管理事會」管理之下兩年，然後舉行公民投票。美聯社、合眾社等美國報刊極力喧染「台灣分離運動」。(4) 台北美國新聞處處長表示「對日和約尚未訂立前，台灣歸屬問題尚在未定狀態」。同時表示美國有意將《大西洋

憲章》適用於台灣。南京政府一旦瓦解,美國將介入管理台灣,釋放二・二八事變及其他一切政治犯。(5)「託管運動」逐漸提高聲浪,一九四八年初全國各大城市台灣同鄉會等旅外台胞團體齊聲發表宣言表示反對。指「台灣託管論」是「賣台主張」。南京國府也特派孫科來台主持調查,且召開記者會,指責美國新聞處及美國領事館進行干涉中國內政的不當活動。(6) 然而當一九四八年三月美政府不得不對新聞處長、副領事處以調職、撤職處分後,繼任的台北美國新聞處長(原任漢口新聞處長)則在到任三天後召開情報會議,檢討「託管運動」因不顧「台人排外性」而失敗,乃另提「三反一親」(反蔣、反中共、反蘇聯、親美國)的「台灣獨立運動」。不久,調離台北的前新聞處長再度在香港美國領事館召集廖文毅等人,再組名為「台灣民主聯盟」的分離運動團體。舉辦青年訓練班。(7) 一九四八年八月後,台獨運動中心逐漸移向日本。以住日二萬多名台胞為對象,主張台人參加對日和約,決定自己命運。以台、日、香港間的走私為經費來源,發行「台灣論壇報」。其海上走私受到美軍單位秘密包庇。

以上數段在《憤怒的台灣》一書中,蘇新以「總之,美國帝國主義者為了確保西太平洋這一條反蘇反共的前哨線,它當然不願放棄台灣,所以它想盡各種方法,利誘、威脅,雙管齊下,以防止台灣落入中共手裡」來做為小結。

最後,有關〈談台灣解放問題〉一文的今日意義,筆者想再提出幾點淺見。

以一九四九年當時的台灣問題的樣貌,以台灣人民左翼運動第二期的時空條件,蘇文具有極大的貼切性。當然以今天一般台灣青年的時代感覺,難免認知上、心理上有一定的距離

感。特別是因為五十年來兩岸社會的分途發展,這種距離感恐怕不容易消除。不過,當年的內戰思維,冷戰觀念,是緣自革命與解放的史觀原則,是具有一定的時代妥當性的。

〈談台灣解放問題〉的立論基礎是半殖民地／半封建的社會定位和反帝反封建的任務規定。台灣曾經是純殖民地,因而其封建性身分關係在族內有所淡化,卻在異族統治下定著在族外支配關係中。當一場世界戰爭過後,台灣復歸於一個半殖民地／半封建社會的祖國,前此階段的些許差異性即時消失在壓倒性的半殖民地／半封建體制的社會現實中。這些都不應該被認為是僵化的第三國際的觀念公式。按中國社會的半殖民地／半封建特性的揭示,在一九二二年中國共產黨二全大會通過的《關於「民主的聯合戰線」的決議案》中,最早定位下來。這個決議案被認為是黨的民主革命綱領,雖然以列寧的民族殖民地問題的理論為基礎,但在具體現實的背景方面,不能忽視一九二一年底到二二年初在美京華盛頓召開的所謂華盛頓九國會議。該會議簽訂了「九國條約」,規定中國門戶開放,各國在華機會均等（以阻止日本獨佔在華利益）。該條約帶給中國的傷害極大,因為中國在實質上幾乎喪失了主權國家自主自衛的基本權利。為了理解中國反帝反封建的任務規定的重要性急迫性,讓我們來看看門戶開放十五年後的中國慘況（一九三六年「外資在中國大陸實況」）。

一、外資在華資產四十三億美元。銑鐵佔全國百分之八十,煤百分之五十六,發電量百分之六十七,棉布百分之六十四,捲煙百分之五十七,交通運輸百分之六十九·五,鐵路百分之九十,銀行三十二家,分支店一百四十一家,資產十九億,獨佔金融。政府貸款以關稅、鹽稅做擔保,國家

財政被其掌控。一八九四年～一九三七年,美國在華企業資本十億五千萬,匯回本國利潤達二十億八百萬元。對政府貸款七億美元,送回本國利息十四億三千萬。抗戰中,日本掠奪鐵礦四千六百三十萬噸,銑鐵九百五十七萬噸,原煤三億四千六百萬噸。重要的民族工業皆被併吞。抗戰後,美國取代日本,變成最大收奪者。美國與國府新訂不平等條約多種,以「中美通商條約」獨佔市場。一九三六年美資佔外資百分之八,到一九四八年佔百分之八十。在華企業三百家,包括大發電廠,大銀行,石油公司。更嚴重的是,美國以投資或貸款方式收編了多種官僚資本企業打擊民族企業。以援助名義送進大量剩餘物資。一九四七年,由美輸入佔總輸入百分之五十。

二、在農業生產關係中的封建遺制方面,地主富農人口不足百分之十,佔全國耕地的百分之七十至八十。溫存著封建性土地關係,直接、間接變成了帝國主義的支柱之一。按封建地主的高田租,造成了貧佃農的離農人口增加,直接流進勞力市場,造成了第二產業的低工資,提高了帝國主義外資的利潤率。而高田租的肇因,除了封建遺習之外,中央政府的對外借款,常以關稅、鹽稅等為抵押,土地稅變成了國府最大的收入項之故。除此之外,地主階級為了維持特權,防止農村騷動,常與地方軍閥勾結,使得真正的政治統一難以達成,又使得帝國主義者不論在中央、在地方都能予取予求。(有關帝國主義與其支配地區內的封建遺制,一定的共生結構,在一九三四年前後的亞洲社會性質的爭論中,除了中國外,連印度、埃及社會的情況,也都被討論過)貧雇中農以百分之九十的人口,佔有耕地百分之二十至三十,地主收奪產品值百分之五十至

八十，農民還得承擔稅賦，無償勞役。地主操控農村金融，兼營高利貸，月息達百分之七至十（普通利息百分之四）。

以上的引用或能使今日的蘇文讀者由當年的客觀現實去領會一二。

另外，蘇文強調「離開『中國革命』而另找台灣解放的道路是不可能的」，其實有一種更有力的現實因素在背後。蘇文發表的時間是一九四九年二月，而國共全面再戰起自一九四七年七月間。由一九四七年下半年到一九四九年一月，人民解放軍經過遼瀋、淮海、平津三大戰役的壓倒性勝利，於一九四九年一月三十一日開進北京城，正是「歷史性的人民勝利」的昂揚激盪時期。蘇新的那一份熱切期盼，隔海呼喚，是有理由的，今日讀來還是那麼動人。

五十年前企以軍事解放達成反帝反封建的目標，五十年後要達成和平統一的目標仍需以反帝反獨為途徑，可見歷史的大階段還未成過去。人們的統左努力還是要持續推動下去。

──寫於二〇〇二年九月

人間版後記

這本《憤怒的台灣》，是一九四七年至一九四九年，蘇新流亡香港時期撰寫的台灣史著作，時間從荷蘭佔領以前一直到國民政府遷台前夕。

　　同一期間，蘇新還與楊克煌共同編寫了一本有關二二八的歷史證言——《台灣二月革命》，並以已故的老台共林木順之名出版。

　　《憤怒的台灣》與《台灣二月革命》，都是有關二二八事件的第一手史料，同時也都是蘇新在香港期間主編的「新台灣」叢刊。凡是研究二二八事件者，不能不讀這兩本重要的著作。但是，在台灣，它們一直都是敏感的禁書。

　　這種禁忌，一直要到解嚴前夕才逐漸鬆動。首先，在黨外的講演會場外開始有人販賣「新觀點」出版社翻印的《憤怒的台灣》，並且造成搶購的熱潮。但是，除了少數熟悉台灣近代史者外，沒有人知道莊嘉農是誰？解嚴以後，前衛出版社又再翻印《台灣二月革命》與《憤怒的台灣》兩書，公開在全省各大、小書店擺售，而且仍有不少讀者。但是，一般讀者依舊不知道誰是莊嘉農？

　　一九九二年，莊嘉農——也就是蘇新——的女兒蘇慶黎女士正式授權我個人特約主編的時報文化「台灣民眾史」系列，讓一九四九年三月由香港智源書局印行的《憤怒的台灣》，在四十四年後，根據初版影稿(除了一些編按，不作任何更改)重新發打編印，正式在蘇新為之奮鬥一生的台灣家鄉出版，同時也讓讀者知道，莊嘉農就是蘇新。

　　值得一提的是，據蘇慶黎女士透露，這本影印的《憤怒的台灣》，是已故的唐文標教授在七〇年代初葉贈送給她的，當年，為了通過海關的嚴格檢查，「唐大俠」用心地給這本

影稿穿上另一件衣服。那是由國立編譯館主編,黎明文化事業公司出版的大學用書:《李代數與表現理論之導引》,J. E. Humphrey 著,張瑞吉譯。在大學教數學的唐文標的行李裡頭擺一本這樣的書是沒什麼好懷疑的罷!

　　《憤怒的台灣》就是這樣在嚴酷的反共戒嚴時期偷渡進入台灣的。

　　從一九四九年到一九九二年,從香港到台北,《憤怒的台灣》所走過的曲折歷程,恰恰反映了台灣在中國近代史中的悲劇性,只是這樣的歷史悲劇在當時又到了另一個轉折的關鍵年代。然而,悲劇的歷史顯然沒有得到人們應有的重視,從而讓人們有智慧地處理歷史遺留的台灣問題。三十三年之後,在帝國主義與野心政客的刻意操弄下,兩岸關係又瀕臨兵凶戰危的悲劇邊緣,戰火一觸即發,人民的身家性命朝不保夕。歷史彷彿又回到一九四九年的關鍵節點,當年沒有解決的問題,也到了不得不面對解決的時刻。

　　今年恰逢台灣建省一百四十年,馬關割台一百三十年,抗戰勝利與台灣光復八十週年。值此具有重大意義的光榮年代,人間出版社取得蘇新滯留大陸後出生的兒子蘇宏先生的授權,重新出版已經絕版多年的《憤怒的台灣》,同時收錄了曾健民醫師生前從一九四九年二月十六日出版的《光明報》第二卷第十二期挖掘出來的蘇新遺作〈談台灣解放問題〉,以及林書揚與陳映真先生閱讀後的感懷回應,作為節日的紀念與人間再出發的獻禮。

藍博洲
二〇二五年二月二十八日

國家圖書館出版品預行編目資料

憤怒的台灣 / 蘇新著. -- 初版. -- 桃園市：
人間出版社, 2025.04
252面；14.8×21公分. --（蘇新文集；1）

ISBN 978-626-99045-0-1（平裝）

1.臺灣史

733.21   114003421

蘇新文集1
憤怒的台灣

作　　　者	蘇新
創　辦　人	陳映真
榮譽發行人	呂正惠
發　行　人	藍博洲
社　　　長	陳麗娜
責 任 編 輯	鄭明景
校　　　對	鄭明景、林靈、曾筠筑
封 面 設 計	許孟祥
出　　　版	人間出版社
	桃園市桃園區民權路208號
	（03）337-0115
郵 政 劃 撥	11746473・人間出版社
電　　　郵	renjianpublic@gmail.com
內 文 排 版	龍虎電腦排版股份有限公司
總 經 銷	聯合發行股份有限公司
	新北市新店區寶橋路235巷6弄6號2樓
	（02）2917-8022
初　　　版	2025年4月
I S B N	978-626-99045-0-1
定　　　價	新台幣300元

Printed in Taiwan
缺頁或破損，請寄回人間出版社更換
有著作權，侵害必究

《陳映真全集》

我後來知道,一個人在一個島上,也是可以胸懷世界的。
——王安憶〈烏托邦詩篇〉

《陳映真全集》共450萬字,820篇(含小說),23卷。
是研究海峽兩岸第一人陳映真最重要的依據。
更是了解台灣的政治、社會、思想狀況不可不讀的著作。
愛台灣,就從閱讀陳映真的文論開始。

- ◆ 定價:12,000元
- ◆ 特價:8,400元
- ◆ 學生價:7,000元
 (新台幣,運費另計)